여신과 그 이미지

원형과 변형에 대하여

동북아역사재단
교양총서 18

여신과 그 이미지

원형과 변형에 대하여

장석호 지음

동북아역사재단
NORTHEAST ASIAN HISTORY FOUNDATION

간행사

　우리나라를 둘러싼 동북아 지역의 역사 갈등은 여전히 한창이고, 점차 심화되고 있습니다. 우리 동북아역사재단은 2006년에 동북아 지역의 역사 갈등을 미래지향적으로 해결하고, 나아가 역내 평화체제를 구축하려는 목적으로 출범하였습니다. 이때는 항상적으로 제기되고 있던 일본의 역사 왜곡에 더하여 고구려, 발해 역사를 둘러싸고 중국과 역사 분쟁이 일어났습니다.

　한국과 일본 사이의 역사 문제는 19세기 말 일제의 침탈과 식민지배 때부터 있어왔습니다. 지금도 일제의 식민지배에 대한 진정한 사죄와 일본군 '위안부' 문제, 전쟁에의 강제 동원과 수탈, 독도 등을 둘러싸고 논쟁과 외교 마찰이 일어나고 있습니다. 중국은 개혁·개방 이후 급속하게 경제발전을 이루면서 체제를 안정시키고 선린외교에 주력하였으나, 주변국과의 관계에서 주도권을 잡고자 하는 과정에서 자연스럽게 역사 문제를 둘러싸고 이웃과 대립하게 되었습니다. 그중 동북 3성 지역의 역사에 대해서는 이른바 '동북공정'이라는 것을 통하여 중국 영토 안에서 일어났던 역사를 모두 자기 역사

속에 편입하고자 함으로써 우리의 고대사(고조선, 부여, 고구려, 발해 등)와 충돌하게 되었습니다.

우리 재단은 이런 역사 현안을 우리 입장에서 연구하면서, 다른 한편으로 우리 국민이나 다른 나라 사람들이 우리의 연구 결과를 같이 공유하고, 이를 쉽게 알 수 있도록 교양 수준의 책을 출간하게 되었습니다. 한·중·일 역사 현안인 독도, 동해 표기, 일본군'위안부', 일본역사교과서, 야스쿠니신사, 고조선, 고구려, 발해 및 동북공정 관련 주제로 우리 재단 연구위원을 중심으로 재단 외부 전문가들로 필진을 구성하였습니다.

모든 국민들이 이 교양서들을 읽어서 역사·영토 현안을 올바르게 인식하고 나아가 우리가 동북아 역사 갈등을 주도적으로 해결하여 평화체제를 이룩하는 데 주역이 되기를 바랄 뿐입니다.

동북아역사재단
이사장 김 도 형

책머리에

신학자이자 꿈 탐험가 제레미 테일러Jeremy Taylor의 저서 『살아있는 미로』(동연, 2009)에는 외계인 고고학자가 지구에 와서 벽난로가 있는 서재를 발굴하는 장면이 기술되어 있다. 외계인 고고학자는 벽난로 속 타다 남은 신문지 조각을 보고 서재에 있는 책들이 지구인의 불쏘시개라고 생각했다고 한다. 제레미 테일러는 또 한 명의 외계인 고고학자를 등장시켜 그것이 불쏘시개인지 아닌지를 실험하는 장면도 기술해 놓았다. 이는 저자가 상상력을 발휘하여 기술한 이야기다.

그런데 이미 50년도 더 전인 1960년대 중반에 프랑스의 선사학자 앙드레 르루아 구랑Andre Leroi-Gourhan도 이와 유사한 글을 남겼다(앙드레 르루아 구랑, 『先史時代の宗教と藝術』, 日本エディタ-スクール出版部, 1985). 그 내용은 이러하다. 지구를 처음 방문한 외계인은 이곳저곳 구경하다가 교회에 모여서 예배드리는 사람들을 보게 되었다. 그들은 가슴을 치며 울부짖거니 괴성을 지르는 행동을 한 후 밀로 만든 빵을 나눠 먹었다. 이 모습을 지켜본 외계인은 밀의 생육을 기원하기 위해 사람들이 모여서 모방 주술을 펼친 것으로 이해하였다. 이

역시 저자 앙드레 르루아 구랑의 상상에 기반한 내용이다.

동굴벽화 등 석기 시대 인류가 남긴 조형 예술이 발견된 지 150년 가까운 시간이 흘렀다. 그동안 이 분야의 전문가들은 인류가 남긴 조형 예술의 성격을 파악하고 수수께끼에 가득 찬 그림이나 조각품의 의미를 해독하기 위해 다양한 노력을 펼쳤다. 그런데 그 가운데 적지 않은 주장들이 독단적이고 또 자의적인 판단에 따른 것이었다는 인식과 성찰이 대두했다. 이에 따라 제레미 테일러와 앙드레 르루아 구랑은 선사 시대의 인류와 그들의 문화에 대해서 무지한 오늘날 우리의 시선이나 지구를 방문한 외계인이 범한 오류 사이에 큰 차이가 없음을 에둘러 비판한 것이다.

지난 150여 년간 석기 시대 인류가 남긴 조형 예술의 제작 동기나 상징 의미 등 여러 가지 문제를 해명하기 위하여 다양한 방법들이 시도되었다. 그러나 그것들은 곧장 반론에 직면하였다. 따라서 첨단 장비와 과학적 조사 방법이 동원되었고 또 통계학적으로 자료를 모으고 분석하는 등 인접 학문과의 학제 간 연구들이 이루어지고 있다. 자료를 데이터베이스화하고 분석·분류하면서 자의적 판단이나 독단으로 발생한 오류를 줄이고자 하였다. 그러나 이러한 시도 또한 사람이 하는 일이다. 그러니 더 획기적인 방법이 개발되면 부정되거나 폐기될 수 있음을 염두에 두어야 한다.

음악이나 무용, 민속, 신화, 그리고 의례 등 비물질적(무형적)인 문화와는 달리, 유물이나 조형 예술은 형태를 분석하고 그것이 무엇인가를 밝히는 일에서부터 연구가 시작된다. 선사 시대의 조형 예술에 대한 초기 연구에서 주관적·자의적인 형태 해석이 이루어졌던 것도 사실이다. 다행히도 그에 대한 비판적인 검토가 이루어지면서 편견과 독단에 의한 오류들은 적지 않게 수정·보완되었다. 그 과정에서 원형과 변형의 궤적을 그릴 수 있게 되었으며, 이를 기반으로 조형 예술의 편년에 대한 설득력 있는 가설을 세울 수 있게 되었다.

그와 같은 성과에 따라 각 문화기별 시대 양식을 논할 수 있게 되었고, 또 공통점이나 차이점에 따라 문화권역을 나눌 수 있게 되었다. 다시 말하자면 시대와 문화 주인공들이 바뀌면 사물을 지각하는 방식과 그것을 해석하여 표현하는 방법도 달라졌다. 그런 변화는 언제나 조형 예술에서 양식 변화를 불러일으켰다. 조형 예술에서 양식이란 특정 문화집단이 사물의 자연적인 모습을 그들만의 언어와 어법으로 번역한 것이다. 따라서 특정한 시대의 조형 양식 속에는 형태 왜곡이 수반되어 있다. 그러므로 각 문화기별 조형 예술 속에서 실물과 같은 사실성을 찾는 것은 어리석은 일이다.

조형 예술 속에서 소나 사슴, 그리고 사람 등과 같은 모티프가 형상으로서 생명을 유지하기 위해서는 갖추어야만 하는 필수 요건이 있다. 여기서 필수 요건이란 개개의 모티프가 형태로 존재할 수 있도록 해 주는 최소한의 단위다. 즉 모티프가 없다면 우리는 그 형상이 무엇인지 판독할 수 없다. 예를 들면 소에게는 반원을 이루는 뿔과 긴 꼬리가 있고, 사슴에게는 가지가 난 뿔과 짧은 꼬리가 있다. 사람에게는 둥근 머리와 손발이 달린 몸통이 있다. 이렇듯 뿔이나 꼬리, 그리고 머리나 손발 등은 해당 존재의 속성이자 표징이 되며, 이러한 모티프가 없다면 우리는 그 존재가 무엇인지 판독할 수 없다.

이 책은 선사 시대부터 지금까지 미술 속에 형상화된 여성과 여신들이 어떤 조형성을 띠고 있는지 살펴서 정리한 것이다. 필자가 특별히 석기 시대의 비너스상부터 여성의 누드화 등을 주목한 이유는 최근 중국의 랴오닝성 카쭤현喀左縣 둥산쭈이東山嘴에서 출토된 배부른 사람 형상을 '임산부'로, 젠핑현建平縣 뉴허량牛河梁에서 출토된 얼굴 소상을 '여신상'으로 판독한 중국 학자들의 형태 해석과 이를 근거로 하여 이 두 유적이 풍요와 다산을 기원하던 '의례의 중심지' 또는 '여신의 사당'이라고 판단한 응용연구에 문제점이 있음을 지적하기 위해서다.

따라서 필자는 인류가 남긴 여성 형상들을 통해서 여신의 원형과 그 변형들을 추적하여 조형 예술 속에는 여신이 어떻게 구현되었는지 보여주고자 하였다. 그에 따라 석기 시대의 비너스상과 동굴벽화에서부터 현대 화가의 회화 작품과 애니메이션에 이르기까지 수만 년의 시간에 걸쳐 제작된 여성 형상을 추적하는 여행을 하였다. 그 여정 속에서 가장 오래된 여성의 이미지는 어떤 모습이었으며, 그것은 또 어떤 변화의 과정을 거쳤는지 살필 수 있었다. 또한 나아가 그리스 신화 속 미노타우로스나 그의 어머니 파시파에, 그리고 미궁 라비린토스 등의 원형과 변형은 무엇인지도 같이 소개할 수 있었다.

독자들은 이 책을 통해서 여성과 여신의 이미지와 그 상징 의미를 살피는 동시에, 중국의 뉴허량이나 둥산쭈이 등지에서 출토된 사람 형상의 형태 해석에 어떤 오류가 있는지도 살필 수 있을 것이다. 그에 더하여 매혹에 찬 선사 시대 조형 예술의 세계와 만날 수 있는 기회를 마련할 수 있다면 더없이 기쁠 것이다.

이 책이 나오기까지 관심과 격려, 때로는 긴장의 마음을 불러일으켜 주신 김도형 이사장 이하 재단 식구들, 특히 출판 담당 여러분들에게 깊은 감사의 마음을 전한다.

2019년 12월의 끝자락에 서서

장 석 호

차례

간행사 4
책머리에 6

프롤로그 14

1장 '여성'이고 '임산부'라는 중국의 여신상

중국 전통 문화로 둔갑한 소수민족 문화	38
'일대일로'를 주창하는 중국의 속내	41
중국 북부 지역에서 출토된 얼굴 소상들	46
임산부 형상의 인체 토르소	54
뉴허량 유적에서 발견된 얼굴 소상	58
종교적 성지 둥산쭈이와 뉴허량	61
'여신상'이 새로 쓴 중국 고고학의 역사	65
'여성'과 '임산부'라는 주장의 한계	70

2장 선사 미술에서 시작된 비너스상의 계보

알타미라 동굴 속 선사 미술의 발견	76
선사 미술에서 보이는 사람 형상	80
세계 곳곳에서 발견되는 비너스상	86
비너스상의 조형으로 보는 특징	92
비너스상 제작 시기와 다양한 해석	98
신석기 시대와 그 이후의 여신상들	105

3장 조형 예술 속 얼굴-가면

선사 시대의 불가사의한 거장들	114
가장 오래된 사람 형상	124
후기 구석기 시대의 얼굴 형상	128
동물로 가장한 사람들	131
실제 얼굴 표현에 대한 두려움	139
정령의 이미지들	143
바위에 그려진 신상들	150
암각화 속 다양한 신상들	161

4장 여성과 여신상에서 드러나는 상징

세계에서 가장 오래된 여성 누드화	172
여성상임을 드러내는 표징	181
풍요와 다산에서 이상적인 황금비율로	187
여성의 표징을 나타내는 삼각형	190
여성기, 삼각형, 그리고 상징	197

5장 여신 신화의 원형을 찾아

진실한 사랑을 다룬 이야기	204
미노타우로스의 탄생과 부활	208
인간과 동물 사이에서 태어난 부족의 시조	215
안셀 크루트가 그린 파시파에 왕비와 황소	219
석기 시대의 미노타우로스	225
〈올랭피아〉에 담긴 의미	229

에필로그 234

미주 247
그림목록 250
참고문헌 254
찾아보기 257

프롤로그

날씬한 몸매에 대한 인식

한때 '쭉쭉빵빵'이라는 말이 아무렇지 않게 사람들의 입에 오르내리고는 했다. 사전에서는 이 말을 '쭉쭉'과 '빵빵'이 합성된 것이며 "몸매 따위가 늘씬하고 볼륨이 있음을 속되게 이르는 말"이라고 정의하고 있다. 이 말은 여성의 몸매를 속되게 이르는 비속어로 여겨져 오늘날에는 사용이 현저하게 줄어들었다. 여성의 아름다움을 몸매에서 찾는 외모 지상주의자들의 시각을 비판하는 그룹이 등장하면서, 자기 자신의 '몸'을 긍정하면서 살찐 몸 또한 긍정적인 시선으로 바라보려는 적극적인 움직임이 대두되기도 하였다.

그런 움직임에 발맞추어 살찐 중장년 여성을 위한 패션쇼가 열리기도 하고, 실제로 키가 크고 날씬한 모델뿐만 아니라 뚱뚱한 모델이 패션쇼에 등장하기도 하였다. 또한 튼실한 다리(허벅지)를 의미하는 '꿀벅지'라는 신조어도 등장하였고, 만삭인 임산부의 배나 중년 여성의 불룩한 배를 아름다운 'D라인'이라고 부르며, 당당히 몸매를 드러내는 사회 분위기가 조성되었다.

그러나 아직까지는 이러한 움직임이 여성의 아름다움에 대한 인식의 대세를 바꿀 만큼 큰 파급력을 갖지는 못한 듯하다. 여전히 '늘씬하면서도 볼륨감이 있는 몸매'를 선호하는 사람들은 존재하고, 그들은 아름다운 몸매를 가꾸기 위하여 다이어트를 하거나 여가를 활용하여 요가를 하거나 스포츠센터를 찾는 등 갖은 노력을 하고 있다. 언론 매체나 방송국들이 경쟁적으로 만든 건강 관련 코너와 프로그램에서는 비만이 '만병의 근원'이라는 등식을 세워 두고 '고도비만'이니 '체지방' 또는 '콜레스테롤' 등의 말들을 남발하면서 이러한 증상이 고혈압이나 당뇨, 심혈관 질환 등 성인병 발병과 직결된다는 불안감을 조장하고 있다. 그런 분위기에 편승하여 '비만 클리닉'이라는 말은 의학용어일 뿐만 아니라 생활용어로 자리 잡은 지 오래되었다. 또 비만 체형을 극단적으로 혐오하는 시류를 좇아 제작된 '다이어트' 관련 프로그램들이 꾸준한 시청률을 유지하고 있는 실정이다.

이러한 사회 분위기 때문인지 비만은 죄를 짓는 일인 양 터부시되었고, 일상생활에서 체지방을 소진하는 일에 일정한 시간을 할당하는 것도 사회 현상이 된 지 오래다. 특히 젊은 여성들은 성징은 드러나면서도 날씬한 몸매를 유지하기 위하여 채식 위주의 다이어트를 하며 황금 같은 여가 시간에 운동을 병행해야 하는 고통을 감내하고 있다. 물론 그러한 인식의 밑바탕에는 육식 위주의 식단이 체지방 증가뿐만 아니라 비만의 원인이라는 시각이 깔려 있다. 요즘에는 극단적인 채식 및 소식小食 주의자들이 생겨났고, 그들 가운데 일부는 '거식증拒食症, anorexia nervosa' 환자로 발전하는 예도 보인다. 어디 그뿐인가? 심지어는 뱃살과 허리둘레 살을 빼기 위하여 지방 제거 수술을 받는 이들도 있다.

선사 시대의 지방 섭취

선사와 고대의 인류는 오늘날과 달리 지방을 확보하고 또 섭취하기 위하여 갖은 노력을 기울였던 것으로 보인다. 수렵 및 유목민들의 식생활 관련 연구에 따르면, 북아메리카의 콜로라도나 뉴멕시코, 그리고 몬태나 등지에는 '킬 사이트kill site'가 있었는데, 수십에서 수백 마리에 이르는 들소들이 떼죽음을 당하여 뼈들이 쌓여 있다고 한다. 그곳은 사냥꾼들이 들소 떼를 몰아서 절벽 아래로 떨어뜨려 몰살시킨 곳이었다. 연구자들은 사냥꾼들이 한꺼번에 수십 마리 혹은 수백 마리의 들소 떼를 킬 사이트로 몰고 가서 죽인 다음 그 고기로 '연회'를 열었던 것으로 보기도 하였다.

조사와 연구를 통하여 무더기로 쌓여 있는 들소 뼈 가운데 대부분은 손상이 없이 온전하였는데 유달리 뒷다리가 없는 점을 발견하였다. 실험 결과 들소의 뒷다리 뼈骨髓 속에는 다른 부위와는 달리 긴 겨울을 지나는 동안에도 지방脂肪이 남아 있다는 점을 확인하게 되었다. 선사 시대의 사냥꾼들은 그 사실을 알고, 뒷다리만 가지고 가서 그 속에 들어 있는 지방을 섭취하며 겨울을 난 것이었다. 연구자들은 오늘날과 같이 풍성한 식탁과 과도한 지방의 섭취도 문제가 있지만, 장기간에 걸쳐 지나치게 채식을 하거나 살코기 위주의 섭식을 하면 체내 지방이 부족해지고, 그러한 상태가 지속될 때에는 건강에 심각한 적신호가 온다는 점을 지적한다.

오늘날에는 동물성 지방 섭취를 기피하는 경향이 있지만, 석기 시대 사람들은 동물의 골수 속 지방까지 끄집어내어 먹었다. 그만큼 동물성 지방의 효용성은 대단하였다. 춥고 긴 겨울을 나기 위해서 지방의 확보와 섭식은 필수였다. 그래서 동물의 지방을 소금에 절여鹽藏 비축 식량으로 삼았고, 또 특별히 지방이 많은 동물들을 가축으로 삼았다. 그 가운데 하나가 잘 알려진 '쿠르듀크kurdyuk, fat tailed sheep' 종의 양羊(그림 1)이다. 지금도 수렵민과 유목민들에게는 지방이 잘 발달한 살찐 동물들이 식량원으로 인기가 높다. 이들은 지방이 없는 살코기는 맛이 없다고 여기며 하품으로 취급한다. 한국인들이 즐겨 먹는 삼겹살도 살코기와 지방이 적당히 겹을 이룬 것이다.

개인적인 경험에서 보아도 현재의 몽골인 등 유목민들이

그림 1 쿠르듀크 양   그림 2 양고기 비계

겨울을 나기 위해 특별히 지방을 많이 섭취하며 살을 찌우는 모습을 어렵지 않게 목격하곤 한다. 그뿐만 아니라 북방 지역의 결혼한 여성들은 살이 쪄야 보기 좋다고 믿으며, 그런 몸매를 부끄러워하지 않는다. 또한 몽골 사람들은 귀한 손님이 오면 양을 잡고, 그것을 삶아서 엉덩이와 꼬리 부위의 하얀 비곗살을 잘라서 정중히 권하는 풍습(그림 2)이 있다.

비너스로 불리는 조각상들

선사 시대 인류가 남긴 사람 형상의 조각품들 중에서도 특히 여성을 형상화한 조각품들을 살펴보면 '고도비만'의 살찐 여성들이 한때는 아름다움의 대명사 또는 특별히 중요한 존재로 여겨지면서 존중받았던 것은 아닌가 하는 생각이 든다. 대표적인 예로 '빌렌도르프의 비너스Venus von Willendorf, Venus of Willendorf'(그림 3)를 들 수 있다. 그것은 지금으로부터 100년도 더 전인 1908년에 오스트리아의 니더외스터라이히Niederösterreich 주 빌렌도르프Willendorf 마을에서 고고학자 요세프 촘바티Josef Szombarthy에 의해 발견되었다. 이 조각품은 크기가 11센티미터 정도인 작은 돌멩이를 이용하여 만든 것인데, 여성의 성징이 특별히 강조되어 있어서 누가 보아도 여성 나체상임을 알 수 있다.

그림 3 빌렌도르프의 비너스
(오스트리아)

　이런 유형의 조각품은 이미 1800년대 후반부터 프랑스를 중심으로 한 서유럽에서 발견되기 시작하였다. 그런데 빌렌도르프의 비너스는 그동안 다른 지역에서 발견된 다른 여성 조각상들과는 달리 '오리냐크기Aurignacian(지금으로부터 3만 2,000~ 2만 6,000년 전 사이)'라고 하는 층위가 확실한 문화층에서 어떠한 훼손도 없는 완전체로 수습되었다. 또한 크기는 비록 작아도 전체적인 비례와 성숙한 여성의 신체 특징인 젖가슴, 엉덩이, 여성 생식기 등이 잘 표현되어 있어서 단숨에 관련 학계의 큰 주목을 받았고 '오리냐크'라고 하는 후기 구석기 시대의 대표적인 조형 예술품으로 평가받으면서 곧장 미술사의 첫머리를 장식하게 되었다.

빌렌도르프의 비너스는 어란상魚卵狀(작고 둥근 탄산칼슘 입자로 구성) 석회암을 이용하여 제작하였으며, 돌멩이의 중간 부분에 나 있는 조그만 구멍을 활용하여 배꼽을 형상화하였다. 이처럼 선사 시대의 화가나 조각가들은 주어진 재료의 성질과 생김새를 활용하여 원하는 이미지를 형상화하는 데 탁월한 능력을 보였다. 동굴 벽이나 천장, 바위 표면의 볼록하거나 오목한(凸·凹) 부분, 주위와 구별되는 특정 부분의 색깔 덩어리(얼룩)(그림 4), 그리고 균열선이나 색 띠 등의 모양과 생김새를 적절하게 이용하여 화면을 구성하거나 형상을 표현하였다. 알타미라 동굴 속 들소(그림 5)나 콤마르크 동굴Grotte de Commarque 속 말 머리(그림 6) 등을 비롯하여 유사한 사례들은 이루 다 말하기 어렵다.

또한 '석간주石間硃, red ocher'라는 붉은색 광물질의 잔존물들이 군데군데서 확인되었는데, 이는 제작 당시에 의도적으로 칠한 물감이 남은 것이다. 잘 알려진 것처럼 무덤 속 주검을 비롯하여 중요한 유적들이나 유물에 붉은색 황토를 뿌리거나 혹은 특별히 주목을 끄는 형상이나 조각상에 붉은색 물

그림 4 물을 건너는 사슴(라스코 동굴)
동굴 벽의 짙은 색 부분을 흙탕물을 표현하는 데 활용하였다.

감을 칠한 흔적들이 세계 전 지역의 선사 및 고대 고고 유적이나 조형 예술품 가운데서 계속 확인되고 있는데, 빌렌도르프의 비너스 또한 유사한 사례인 셈이다. 이렇듯 붉은색 물감 흔적이 확인된다는 점은 빌렌도르프의 비너스가 곧 선사 시대 인류가 지닌 심성과 정서, 그리고 인식 체계의 보편성에 기반을 둔 조형물일 뿐만 아니라 특별히 중요한 역할을 한 조각품임을 말해 준다고 할 수 있다.

그리고 무엇보다도 먼저 주목을 끄는 것은 큰 젖가슴과 부른 배, 뚱뚱하고 펑퍼짐한 허리와 엉덩이, 그리고 정성을 들여 또렷하게 새긴 여성 생식기 등이다. 또한 눈·코·입과 같은 얼굴 표현은 생략한 반면에 머리카락 부분을 여섯 줄의 가

그림 5 소(알타미라 동굴)
바위의 생긴 모습을 활용하여 소의 모습을 그렸다.

로로 된 원점圓點 무늬로 정교하게 장식하였다. 발은 아예 생략하였고, 팔과 손은 매우 빈약하면서 조악하게 표현하였다. 겉으로 드러난 이와 같은 점들을 놓고 볼 때, 이 형상을 제작한 작가와 그 소속 집단의 주요 관심 사항은 야위거나 보통 체형의 여성이 아니라 성숙하면서도 뚱뚱한 여성의 성징을 드러내는 일이라고 할 수 있다. 바로 이러

그림 6 말(콤마르크 동굴)
바위의 생긴 모습에서 말의 이미지를 발견하였다.

한 점에서 그들이 진정으로 구현하고자 한 것은 임신을 하였거나 혹은 출산의 경험이 있는 중장년의 살찐 여성을 형상화하는 데 있었다고 할 수 있다.

이런 유형의 여성 조각, 즉 얼굴은 생략하거나 무성의하게 표현하였지만 젖가슴과 배, 엉덩이 등은 뚱뚱하고 살찌게, 그리고 여성의 생식기는 또렷하게 나타낸 형상은 1872년에 프랑스 남부 랑드Landes의 브라상푸이Brassempouy에서 처음으로 발견되었다. 이후 서쪽의 프랑코–칸타브리아 지방Franco-Cantabrian region에서 흑해 연안의 우크라이나와 서시베리아

를 거쳐 바이칼 호안의 말타Malta와 부레트Buret에 이르기까지 유라시아 대륙 전 지역에서 그와 같은 여성 조각상들이 발견되었다. 또한 2005년에는 모스크바 동남쪽 자라이스키 Zaraisky에서, 2008년에는 독일 남서부 스바비안 유라Swabian Jura의 홀레 펠스Hohle Fels에서 각각 같은 유형의 조각상들이 발견되었는데, 이 조각상들은 오리냐크에서 그라베트기(3만 8,000~2만 6,000년 전) 사이에 제작된 것으로 밝혀졌다.

숭배의 대상이 되는 여성과 어머니

초기 연구자들은 여성의 성징을 강조한 유형의 조각상들을 선사 시대의 '핀 업 걸pin up girl'로 여기면서 그것들을 '비너스Venus'라 불렀다. 다시 말하자면, 이 여성 조각상들이 발견될 당시에는 이러한 형태가 섹시한 여성의 표상이었던 것은 아닐까 하고 여겼던 것이다. 연구자들 가운데 일부는 과도하게 살찐 여성상들을 두고 남부 아프리카의 코이코이 Khoikhoi족(네덜란드인들은 이들을 비하하여 '호텐토'라고 불렀음)과 같이 젖가슴과 엉덩이 등이 크게 발달한 여성과 견주었다. 그러면서 이들 비너스상이 당시 여성들의 뚱뚱한 몸매를 사실적으로 묘사한 것이라고 보았고, 또 일부는 '둔부 지방 축적성steatopygous' 질병과 관련있는 것으로 보기도 하였다. 물론 그와 같은 인식은 이미 오래전에 불식되었지만,

여전히 변하지 않은 것은 이러한 형상들을 '비너스'라고 부른다는 점이다.

이에 따라서 오스트리아의 빌렌도르프에서 출토된 배부르고 뚱뚱한 여성 조각상도 '빌렌도르프의 비너스'라는 이름으로 불리게 되었다. 그동안 세계 각지의 오리냐크와 그라베트기 문화층에서 발견된 소형 여성 조각상들의 조형 양상을 살펴보면, 대체로 머리가 없거나 있어도 눈·코·입을 개략적으로 그렸다. 다리는 일반적으로 끝을 모아서 뾰족하게 하였으며 발은 생략하였다. 팔도 없거나 있어도 매우 형식적으로 묘사하였다. 그러나 젖가슴과 배, 엉덩이 골반부와 여성기 등은 특별히 강조하여 표현하였다. 이러한 점은 당시의 비너스 제작자들이 일종의 규범canon에 따라서 이런 유형의 여성 조각상을 만들었으며, 그것은 임신과 출산 그리고 육아 등 여성의 모성母性과 깊이 결부되어 있었음을 보여 준다.

특히 이 석기 시대의 비너스상들은 대부분 의례 공간으로 추정되는 곳에서 발견되었다. 예를 들어, 프랑스 로셀Laussel 바위그늘에서는 '각배를 든 비너스Woman with a horm, Femme à la corné'(그림 7)를 포함하여 두 개의 비너스상과 한 개의 남성 부조상이 발견되었으며, 흑해 연안 우크라이나의 가가리노Gagarino에서는 장방형 반지하식 주거지의 벽 근처에서 무려 일곱 개가 발견되었다. 또한 체코슬로바키아의 돌니 베스

그림 7 각배를 든 비너스(로셀, 프랑스)

토니체Dolni Vestonice에서는 주거지 근처의 화덕 재 구덩이에서 출토되었다. 이곳에서는 무려 1만 점이 넘는 토기 파편들이 확인되었지만, 그 가운데 온전한 것은 하나도 없었다고 한다. 연구자들은 이러한 점을 근거로 당시 문화 주인공들이 토기나 조각상 등을 불 속에 던지면서 의례를 거행하였던 것이라고 추정하였다.

이러한 점에서 볼 때 이 비너스상들은 오늘날의 미술품과 같이 감상용으로 제작된 것이 아니라 일종의 의례 및 제의 용구로서, 다산과 풍요를 기원하는 의례와 긴밀히 관련된 것이었음을 알 수 있다. 대다수의 비너스상들이 만삭의 임산부나 출산의 경험이 있는 중장년 여성을 형상화하였는데, 이를 통해 제작자들이 드러내고자 하는 궁극의 목표는 '어머니'의 구현과 맞닿아 있다고 할 수 있다. 임신과 출산은 '생산자', '낳아 주는 존재'로서 '어머니'만이 지니는 신성하고도 신비로운 능력이며, 그런 능력을 지닌 여성이자 어머니는 숭배의 대상이 될 수 있었던 것이다. 물론 여성이 지니는 임신과 출산의 신비로운 힘, 그리고 육아의 과정은 후속하는 농경 시대의 '대지모신Mother Goddess'과 비교하면 기본적으로 개념이 상통하며, 그런 점에서 '대지모신'의 개념은 석기 시대의 비너스상을 제작하면서 이미 싹튼 것이라 할 수 있다.

이상적인 신체 비율

인류가 남긴 조형 예술의 역사를 통해서 볼 때, 소위 '쭉쭉빵빵'하게 인체를 표현한 것은 그다지 먼 옛날의 일이 아니다. 아무리 기슬러 올라가도 그리스 시대 이전으로 가지 않

그림 8
밀로의 비너스
(기원전150년경, 아테네 출토, 루브르박물관)

는다. 그렇게 보는 이유는 익히 잘 알려진 '밀로의 비너스Venus de Milo(일명 밀로스의 아프로디테The Aphrodite of Milos라고 함)'(그림 8)가 기원전 150년경 안티오카 지방의 한 조각가에 의해서 제작된 것이라고 알려졌기 때문이다. 그리스인들은 소위 '황금분할golden section'을 조형 예술 제작과 건축물 건립의 기본적인 척도로 활용하였던 것으로 보인다.

'황금분할'은 사람이나 사물이 3:5, 5:8, 또는 8:13 등과 같이 1:1.618의 비율을 이룰 때 가장 보기가 좋다는 것이다. 이런 비율은 이후 피보나치 수열 Fibonacci sequence로 다시 주목을 받았으며, 이탈리아의 수학자 루카 파치올리Luca Pacioli(1447~1517?)는 이를 '신의 비율'이라고 평가하기도 하였다. 미의 여신이라 불리는 밀로의 비너스나 같은 시기에 제작된 아기아스와 같은 조각상들, 그리고 파르테논 신전과 같은 건축물 등이 바로 황금분할 비율에 의거하여 제작되었다. 이후 르네상스 시대에는 보다 더 많은 화가와 조각가들이 황금분할의 원리를 창작 활동에 직접 응용하였다.

물론 그 이전의 빌렌도르프의 비너스나 돌니 베스토니체의 비너스(그림 9), 그 밖의 대다수 석기 시대 비너스상들은 4등신에서 4.5등신, 5등신, 그리고 6등신 등의 비례를 보이고 있다. 그러던 것이 그리스 고전기에 7등

그림 9 돌니 베스토니체의 비너스 (체코)

신으로 늘어난 후 곧장 황금비율의 조형 규범에 따라서 8등신으로 대체되었다. 이후 8등신 황금비율이 르네상스 시대 인체 조각의 전형이 되었음은 물론이고, 어느 순간부터 아름다운 여성이라면 갖춰야 할 이상적인 신체 비율로 자리매김하였다. 그리고 다시 자코메티 Alberto Giacometti(1901~1966)와 같은 조각가에 의해 9등신이 넘는 비현실적이고 기형적인 인체 조각상(그림 10)이 출현하기에 이르렀고, 가늘고 긴 몸이 아름답게 여겨지는 시대가 열린 것이다.

이런 추세를 놓고 본다면 앞으로의 조형 예술에서 인체의 비례가 얼마나 더 늘어날지 예단하기는 어려우나, 자코메티

그림 10 인체(자코메티)

가 구현한 형상들보다 더 길고 가느다란 몸매의 조각상들이 등장할 가능성이 낮다고 예단하기는 어렵다. 여성 조각은 아니지만 브랑쿠시의 '새'(그림 11)는 조각의 궁극이 어디로 향하는지 보여 주는 좋은 예이다. 후기 구석기 시대의 인류가 '풍요의 여신'과 같은 비너스 형상들을 제작한 이래 2만여 년의 오랜 기간 동안 수많은 종족과 그 문화 주인공들은 당대 문화의 토양 속에서 배양된 조형 언어로 여신상들을 제작하였다. 이 여신상들을 시대별로 배열해 보면 인류가 각 시대별로 구현해 온 이상적인 여성의 모양, 그것들이 지향해 온 방

향, 그리고 여성성과 그 아름다움을 구현하기 위해 끝까지 유지해 온 궁극의 표징 등을 살필 수 있다.

소위 비너스상의 '고형古形'과 각 문화기별 여성상들을 시대별로 하나의 선상에 올려놓고 보면, 조각상들의 등신 비는 4등신에서 시작하여 8등신에 이르고 다시 9등신을 넘어서는 비현실적인 인체로 변하였음을 알 수 있다. 그뿐만 아니라 여성 조각상들은 단신短身에서 장신長身으로 변하였으며, 아울러 고도비만이던 체형도 뱃살과 허리둘레 살이 점점 줄어들면서 늘씬하게 변하였음을 살필 수 있다. 다시 말하자면, 땅딸막하던 몸통은 중석기와 신석기 시대를 거치면서 황금비율이라는 이상적인 체형으로 표현되다가 다시 극도로 추상화되기에 이르며 신체의 비율은 등신대를 거쳐 비현실적으로 늘어나게 되었다. 그러므로 여성 조각상은 석기 시대의 비너스상과 같이 현실 세계의 리얼리티 구현에서 출발하여

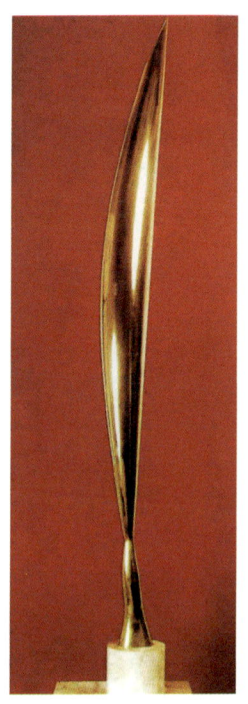

그림 11 새(브랑쿠시)

여러 단계의 변화를 거치면서 추상화되어 왔다고 할 수 있다.

그러나 아무리 추상화되었다고 할지라도 여성을 형상화한 경우에는 언제나 여성의 성징, 즉 젖가슴과 생식기 등의 표현을 한 번도 경시한 적이 없다는 점은 분명하다. 여성의 성징이 표현되어 있는 한, 우리들은 그것을 구석기 시대부터 이어져 온 '풍요의 여신'의 새로운 변형이라 이해할 수 있다. 다시 강조하자면, 신체의 뚱뚱하고 날씬함과는 무관하게 여성의 성징이 표현된 형상이라면 여성 형상이라는 것이다.

선사 시대에서 오늘날에 이르는 여성과 여신상

이 책에서는 다음 주제들을 이야기해 보려고 한다. 1장은 중국 랴오닝성遼寧省 젠핑현建平縣 뉴허량牛河梁과 카쥐현喀左縣 둥산쭈이東山嘴에서 출토된 인물상에 관한 내용이다. 중국에서는 상나라와 주나라 시대의 청동예기 속에 특이한 모습의 얼굴 형상들이 표현되어 있고, 또 고대 촉나라 문화기에도 유사한 예를 찾을 수 없는 인물상(그림 12)들이 제작되었다. 그리고 병마용갱 속의 병사상들은 인체 소상 제작의 절정을 보여 준다. 그러나 1970년대 말까지도 '풍요의 여신상'들이 출토되지 않았다. 그러다가 1983년 둥산쭈이와 뉴허량에서 각각 소위 '임산부 형상孕婦像'과 '여신상'이 출토되었다. 이에 대한 중국 학계의 주장과 함께 과연 그것들이 '임산부'와 '여신상'을 형상화한 것인지 등에 대해서 논하였다.

2장은 석기 시대부터 제작된 비너스상과 그 계보에 관한 내용이다. 우선 세계 최초로 발견된 알타미라 동굴벽화를 두고 발견자와 당시 학계 사이에 벌어진 웃지 못할 해프닝을 소개한 다음, 동굴벽화를 비롯한 선사 미술에서 사람 형상이 어떻게 표현되어 있는지 살펴보았다. 이어서 비너스상의 발견과 당시의 유물 상태, 그 발견자 및 학계의 인식, 후속 발견 사례 등을 차례로 소개한 다음, 그 비너스상들이 어떤 조형성을 띠고 있는지, 제작 시기와 상징 의미 등은 무엇인지 논하였다. 그런 다음 석기 시대의 여성 인체 조소를 제작하던 전통이 신석기 시대 이후에는 어떻게 변하였는지 살펴서 정리하고, 그 과정 속에서 바뀐 것과 끝까지 고수해 온 것은 무엇인지 등에 대해서 이야기하였다.

그림 12 인면 청동상(싼싱두이, 고촉 문화, 기원전 2800~1000)

3장은 선사 및 고대 조형 예술 속의 '얼굴 – 가면'에 관한 이야기다. 선사 시대의 화가들은 탁월한 조형 능력을 지니고 있었다. 그들이 표현한 바다와 육지동물들을 보면 눈을 의심할 정도로 박진감과 생동감에 차 있다. 그런데 그들이 남긴 그림들 가운데서 온전하게 모습을 갖춘 사람 형상을 살피기는 매우 어렵다. 대신 선사 시대의 화가들은 반수반인半獸半人의 하이브리드 형상들을 그렸는데, 이와 같은 형상들은 일종의 가면을 쓴 사람들이라고 할 수 있다. 그들이 유독 얼굴이 있는 사람을 그리지 않은 이유는 눈·코·입 등이 그려진 얼굴 형상에 대한 두려움이 작용하였다고 여겨진다. 그러나 기괴하면서도 환상적인 정령 등 신상과 가면들을 적지 않게 그려 놓았는데 이들에 대해서 차례로 논하였다.

4장은 여성과 여신상의 표징 및 상징에 대한 내용이다. 논의를 위하여 먼저 세계에서 가장 오래된 여성 누드화를 소개하면서, 여성의 성징을 어떻게 표현하였는지 검토하였다. 그런 다음 조형 예술 속에서 여성의 인체 표현을 위한 필요충분조건과 필수 요건이 무엇인지 파악해 보았다. 또한 석기 시대부터 제작되었던 여성 형상들이 시대의 변화에 따라 어떻게 바뀌었는지, 그런 변화와 무관하게 고수해 온 것은 무엇인지 살펴보았다. 이어서 삼각형이 여성 생식기로 표현된 사례를 검토하고, 여성 생식기로서 삼각형의 상징 의미에 관한 전문가들의 견해를 소개하였다.

5장에서는 월트 디즈니가 1991년에 제작한 〈미녀와 야수〉를 통하여 야수 이미지의 원형을 찾아보았다. 그 과정에서 미노스 궁 속 라비린토스에 갇혀 있던 반수반인의 미노타우로스와 야수를 서로 견주면서 이 둘이 같은 성격同形의 페르소나임을 주목하고, 미노타우로스의 출생과 죽음 등에 관련한 서사구조를 검토하였다. 그런 다음 우리에게도 낯익은 인간과 동물의 결합에 의한 민족 시조 신화들을 살펴보았으며, 남아프리카공화국의 현대화가 안셀 크루트Ansel Krut의 작품 〈파시파에와 흰소〉와 쇼베 동굴벽화 속의 황소 머리와 여성의 하체, 그리고 레 트루아 프레르 동굴 속의 소머리 사람 형상 등이 바로 미노타우로스의 원형임을 논하였다.

마지막 에필로그에서는 중국 현대 조각가 머우보옌牟柏岩의 '목욕탕 – 나의 몸沐浴中心-我的肉(2005)'을 소개하면서, 다시 한 번 중국 랴오닝성 둥산쭈이와 뉴허량에서 출토된 인체 토르소와 얼굴 소상에 대한 중국 학계의 자료 해석과 그 응용 연구에 문제가 있음을 알아보았다. 머우보옌의 조소 작품 속 남성 누드 형상을 예로 들어 검토한 후, 여신상의 모습, 여성과 어머니, 여신에서 어머니 등 몇 개의 에피소드를 통해 이야기를 마무리하였다.

1장

'여성'이고 '임산부'라는 중국의 여신상

중국 전통 문화로 둔갑한 소수민족 문화

 오늘의 중국 북서부 지역은 지금처럼 국경이 그어지기 이전에 많은 민족들이 삶의 터전으로 삼고 흥망성쇠를 거듭하던 곳이었다. 그 민족의 후예들 중 일부는 여전히 그곳에서 살고 있으나 일부는 그곳을 떠나 다른 지역에서 살기도 한다. 따라서 이 지역은 그들의 원향原鄕이다. 오늘의 중국은 이들을 묶어서 '소수민족'이라 부른다. 숱한 희로애락을 겪으면서 살았던 이 민족들의 생활 흔적은 척박하기 이를 데 없는 이 지역에도 잘 남아 있다. 그러한 점은 역사 이전 시대로 거슬러 올라가면 더 분명하고 뚜렷해지는데, 그것이 바로 그들이 썼던 생활이기들이고, 또 암각화나 조각품 등 조형 예술의 형식으로 남아 있는 선사 및 고대 미술이다. 죽기 살기로 투쟁하며 그 땅을 지켰던 소수민족들[1]의 흔적이 오늘날에 이르러서는 찬란한 중국 문화로 둔갑하여 그 가치를 재평가받고 있다. 참으로 아이러니한 일이 아닐 수 없다.

북방 수렵 및 유목민들의 유적들이 선명하게 드러나는 지역은 물론 청장고원靑藏高原, 황토고원, 서역, 그리고 황하 이북 등지이다. 이 지역들은 근본적으로 남방의 농경민들이 살기 어렵다. 사람들은 '풍토병'이 무엇인지는 잘 알고 있다. 그러나 그것이 얼마나 무서운 것인지는 잘 모르는 듯하다. 낯선 곳으로 여행을 가서 흔히들 경험하는 '물갈이' 정도로 이해하는 것은 큰 오산이다. 그것은 신체뿐만 아니라 정신을 피폐하게 하여 사람을 무기력하게 만든다. 사람들은 그저 향수병이라고 여기지만, 그것은 반 정도만 맞는 말이라고 생각된다. 무기력은 귀향하면 일단 치유가 된다. 그러한 어려움은 정신적이고 또 신체적인 문제인데, 의식주를 해결하는 일은 또 다른 차원의 어려움이 따른다.

몽골인의 전통적인 관념 속에서 땅을 일구는 것은 '금기 taboo' 사항 중 하나다. 땅을 파고 일구면 '신이 노한다'는 것이다. 종교와 문화인류학에서 '금기'는 여러 가지 뜻이 있지만, 이는 경험에서 얻은 지혜. 한 번 하고 두 번 해서 똑같이 안 좋은 결과가 얻어지면 이웃과 후손들에게 그러한 일을 못하게 하는 효과적인 방법이 '신이 노한다'든가 '저주를 받는다'는 등의 '금기어'를 사용하는 것이다. 애써 가꿨던 곡식이 추수하기도 전에 얼어 죽는 상황을 반복적으로 목격한 사람은 다시 농사를 짓지 않는다. 또한 가뭄으로 씻을 물은커녕 마실 물도 없는 곳에서 농사를 짓는다는 것은 어리석은 일이다.[1] 그러므로 그런 걱정을 안 해도 되는 일을 찾고 또 그 일에 전념하게 되는 것이다. 사람들은 이른 석기 시대부터 주어진 환경과 풍토에 적합한 생업을 찾아서 경제활동을 하였고, 이를 통해 의식주 문제를 해결해 왔다.

그러니 농사를 짓던 남방 지역 사람들이 한발과 혹한 등 기후 변동이 극심한 곳에 정착하여 산다는 것은 고문이자 형벌이다. 반대의 경우도 마찬가지이다. 북방 지역 유목민이 남방 지역에서 농사를 지으려면 견디기 힘든 고통을 감내해야 한다.[2] 신장新疆이나 시장西藏, 칭하이青海, 샨시陝西, 닝샤寧夏, 네이멍구內蒙古 그리고 현재의 동북 삼성 등지의 선사 시대 문화 유적들이 북방 유목민들 유산임을 부정하는 이는 없다. 그러나 그들이 자연조건을 극복하면서 창안해 낸 정신과 물질문화들은 오늘날 모두 중국제로 둔갑하였고, 그것들이 새롭게 각색되고 포장되어 중화문명 5,000년의 역사로 재탄생되는 일은 아이러니하지 않은가?

'일대일로'를 주창하는 중국의 속내

 소수민족의 문화유산들이 오늘날 중국 땅에 속한다고 하여도, 그 역사 문화적 가치와 현상들을 중국식 잣대로만 재단해서는 안 된다. 역사적으로 볼 때 중국은 여러 민족들이 머물다가 떠나가는 플랫폼과 같은 공간이었다. 그러한 점은 주변의 우리나라나 일본, 더 넓게는 몽골 등과 다른 점이다. 이 나라들에서도 여러 차례 왕조 교체가 있었지만 대부분 동일 민족 간의 정권 교체 틀을 벗어나지 않았다. 그러나 중국은 분명히 문화의 속성을 달리하는 민족들이 유입하여 여러 차례 대륙을 경영하였다. 그 과정에서 한족漢族의 정체성도 바뀌었고, 처음과는 완전히 달라졌다. 오늘의 중국인은 유방劉邦이 한나라를 건국한 때와 무제武帝가 서역을 개척할 당시의 한족이 아니다.

그러나 그 주변 지역에서 여전히 전통 생활 방식을 고수하며 살아온 몽골이 있고, 동북 지역의 고대 문화와 직접 관련된 한민족들이 살고 있다. 서북쪽에는 이슬람 문화가 들어오기 이전부터 살았던 민족들의 후손이 지금까지 오아시스 문화를 발전시키며 살고 있다. 그들은 과거의 조상들이 그랬듯이, 지금도 그 땅과 역사·문화의 주인이다. 그 지역에 남은 유적과 유물들은 그들의 직계 조상들이 남긴 것이다. 장건張騫(?~기원전 114)이 '서역'으로 길을 떠나기(그림 13) 훨씬 이전부터 이 지역에는 동서의 유목민들이 서로 오가던 길이 있었다. 한족이 세력을 키워 팽창하기 훨씬 이전부터 이 지역에 살던 사람들은 '한혈마汗血馬'를 타고 유라시아 대륙을 질주하였다. 당시의 잘생긴 말들은 청동기와 철기 시대의 암각화(그림 14) 속에 늘씬한 다리를 뽐내고 서 있다.

선명한 차이를 보이며 박물관의 진열대를 장식하고 있는 북방계 청동기와 남방계 유물을 보라. 이 양쪽 문화 주인공들의 인식과 세계관의 차이가 얼마나 큰지를 알 수 있다. 그들이 각자 꿈꾸며 이룬 가치관과 그것들이 배어 있는 물질문화의 흔적들은 마치 물과 기름처럼 분명히 구분된다. 그래서 누구라도 보기만 하면 두 세계가 그냥 '다르다'는 것을 단번에 알게 된다. 그런데 중원과는 다른 장성 이북 지역의 유물들은 중국을 벗어난 몽골이나 시베리아, 카자흐스탄, 키르기스스

그림 13 장건 출행서역도(중국국가박물관, 대미아세아전 중)

그림 14 말(수로투 타쉬, 키르기스스탄, 청동기)

탄, 심지어는 캅카스를 넘고 흑해 북안의 우크라이나 등 여러 지역의 유물들과 여러 방면에서 동질성을 띠고 있다. 그렇다면 이러한 점은 또 어떻게 이해해야 할까?

　20세기 후반부터 집중적으로 발굴된 이 지역의 고고 문화 유적들은 잘 알려진 것처럼 중국 학계가 그 발굴 작업을 주도적으로 수행하였다. 문제는 유적과 출토 유물들을 중국 중심의 세계관에 입각하여 바라보고 해석하고 있다는 점이다. 그 결과 중국 중원 문화와 북방 민족들의 유목 문화 가운데 분포하는 경계 지역 문화들이 모조리 중국식 척도에 따라 재단되고 있다. 그 연장선 위에 이른바 '실크로드'가 있고, 다시 그 위에 '일대일로一帶一路/one belt, one road'가 있다. 이 프레임에 의해 유목민들이 오고 간 동서 교역로 개념의 '실크로드'는 사라지고, 대신 유라시아 대륙의 국제질서는 중국이 주창하는 '일대일로'의 패러다임으로 재편되기에 이르렀다.

　이른 선사 시대부터 이 지역 거주민들이 개척한 교역로와 서로 간의 교류 사실은 외면한 채, 유라시아 동서 교류의 길이 마치 한 무제가 보낸 장건에 의해서 처음으로 개척되었다는 듯한 프레임을 만들었다. 또한 그 시기를 기점으로 중국의 선진문화가 서쪽으로 전파되어 간 사례와 더불어 이와 관련된 유물들을 각종 전시의 중심 내용으로 삼고 있다. 또한 법현法顯(334~420)이나 현장玄奘(602~664) 등의 승려가 구법 여행을 다닌 지역 지도 역시 중요한 전시 패널 중 하나로 자리를 차지한다. 이러한 유형의 전시 기획 밑바닥에는 '신 중국'의 가치관에 맞는 질서를 새롭게 구축하겠다는 속내가 감춰져 있다. 또한 그것이 급조된 새로운 개념이 아니라, 먼 과거부터 쭉 그랬다는 역사적 연속성을 증명해 내는 중요한 전거들로 활용되었다. 그러나 중국의 문물이 서쪽이나 북쪽으로 전파되어 간 것만큼 중요한 사실은 이 지역의 토착 문화가 장구한 시간에 걸쳐 발전되어 온 문화라는 점이다.

중국 북부 지역에서 출토된 얼굴 소상들

뉴허량과 둥산쭈이에서 출토된 얼굴 소상과 나체 토르소는 과연 여성인가? 중국은 이들을 남성이 아니라 여성을 형상화한 것이라고 한다. 중국에서는 20세기 중반까지도 '빌렌도르프의 비너스'(그림 3)와 같은 석기 시대의 비너스상은 물론이고, 중석기나 신석기 시대에 제작된 소형 여신상도 출토되지 않았다. 이를테면 아나톨리아의 차탈휘위크Catal Huyuk에서 출토된 '아이를 낳고 있는 여신'(그림 15)이나, 파키스탄 탁실라Taxila의 비르Bhir에서 출토된 여신상(그림 16), 모헨조다로Mohenjo-Daro에서 출토된 여신상, 투르크메니스탄 얄랑가치 데페Yalangach Depe에서 출토된 여신상(그림 17), 그리고 키클라테스(그림 18)나 흑해 북안의 몰도바 등지에서 출토되는 소위 '풍요의 여신' 계통의 형상들이 중국 대륙에서는 출

그림 15 아이를 낳고 있는 여신(차탈휘위크, 터키)
그림 16 여신상(비르, 파키스탄)
그림 17 여신상(얄랑가치 데페, 투르크메니스탄, 에르미타주 박물관)
그림 18 여신상(키클라데스)

토되지 않았다.

그 이유는 이 분야의 연구가 아직 활성화되지 않았거나 혹은 비너스를 제작하는 문화가 이 지역에서는 발달하지 않았기 때문일 수도 있다. 그러나 중국 고고학계는 꾸준히 발굴 조사를 해 왔고, 발굴 과정에서 비록 '풍요의 여신상'은 아닐지라도 사람의 얼굴을 형상화한 도용陶俑이나 얼굴이 장식된 도기들이 발견되었다. 물론 그것의 일차적인 목적이 얼굴이나 인체를 나타내기 위한 것이 아니라는 점은 지적되어야 한다. 이러한 도기들은 대략 지금으로부터 6,000년 전쯤 신석기 시대부터 제작되기 시작된 것으로 추정된다. 중국에서는 이 시기부터 도기 제작 기술이 상용화된 것으로 보고 있다.

한 예로 1967년 간쑤성甘肅省 톈수이天水 차이자핑柴家坪에서 출토된 얼굴 소상(그림 19)을 들 수 있는데, 중국에서는 이를 여성의 얼굴이라고 보았다. 이 형상은 중앙유라시아 지역에서 보이는 것과는 결이 다르지만 인물을 형상화하였다는 점이 주목을 끌었다. 이 형상은 도기의 뚜껑 부분에 장식되어 있으며, 크기는 높이 25.5센티미터에 너비 16센티미터로 실제 사람의 얼굴과 거의 비슷하다. 광대뼈가 발달한 둥근 얼굴인데 좁은 이마와 작은 눈, 긴 눈썹, 곧은 콧날의 코, 그리고 입이 표현되어 있다. 이와 같은 얼굴 모양은 그릇이라는 정해진 기본 틀에 맞춰서 만든 결과다. 연구자들은 얼굴 소상이

그림 19 얼굴
(차이자핑, 중국, 신석기)

그림 20 동물형 도기
(신석기)

그림 21
사람머리채색도병
(친안다디완, 신석기)

전형적인 몽골인종 여성을 형상화한 것이라고 하였고, 또 거기에 곁들여 삶의 즐거움이 충만했던 원시 시대의 여성 숭배와 관련된 조형물이라고 하였다. 중국 학계는 이런 유형의 도기를 양사오仰韶 문화기의 것으로 본다.

간쑤성 차이자핑 출토 그릇 장식용 얼굴 소상처럼 중국에서는 신석기 시대에 생활용 그릇을 만들면서 뚜껑이나 손잡이 등에 사람 형상을 만들어 붙이거나 또는 그릇 자체를 동물 모양(그림 20)으로 빚기도 하였다. 마치 신라 토기에 장식된 토우와 같은 성격이라고 볼 수 있다. 이 같은 예들은 이후에도 발견되었는데 그중 1973년 간쑤성 친안다디완秦安大地灣에서 출토된 '사람 머리가 있는 채색 도병人首彩繪陶甁'(그림 21)이나, 산시성 뤄난洛南에서 출토된 것은 같은 유형으로 사람

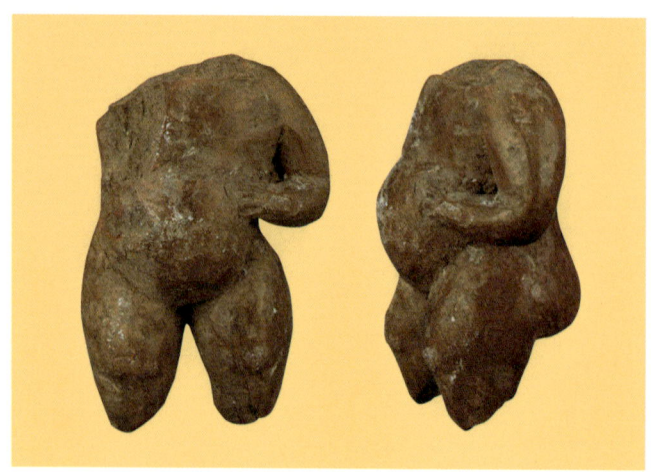

그림 22 인체 토르소(둥산쭈이, 신석기)

머리 모양을 토기에 장식한 것이다. 이들 역시 수렵의 성공이나 다산, 풍요 등을 기원하는 의례용으로 사용된 것이라고 하였다.

그림 23 얼굴 소조(뉴허량, 신석기)

1983년에 중국 학계는 랴오닝성에서 인체 토르소(그림 22)와 흙으로 빚어서 구운 얼굴 소조(그림 23)를 각각 발견하는데 관련 전문가들은 두 형상에 큰 의미를 두었다. 이어서 1999년에는 간쑤성 룽

난시陇南市 리현禮縣 가오쓰터우高寺頭 에서 흙으로 빚어서 구은 환조의 두상(그림 24)이 출토되었다. 이 형상은 높이 12.5센티미터에 등황색 흙으로 빚은 것인데 눈과 입은 거칠게 구멍을 뚫어서 鏤空, 투각 표현하였고, 눈 사이의 코는 오뚝하게 솟아 있으며 양쪽 귀에는 각각 구멍이 뚫려 있다. 머

그림 24
얼굴 두상(가오쓰터우)

리에는 정교한 띠가 있는 모자를 쓰고 있다. 중국에서는 이 형상을 '점토로 빚은 소녀 두상陶塑少女頭像'이라고 하고, 머리에는 변발과 같은 장식 띠를 두르고 있으며, 원시 시대 주민들의 세속 생활 모습을 잘 드러내고 있다고 하였다.

이렇듯 간쑤나 산시, 랴오닝 등 중국 황하 강 중류 지역이나 이북 지역에서 신석기 시대에 제작된 얼굴이나 환조의 두상, 토르소 등이 출토된 점이 눈길을 끈다. 이는 이 지역의 신석기 시대 문화 담당자들이 다른 지역보다 일찍 자아 정체성에 대한 인식이 높았음을 의미할 수도 있다. 익히 잘 알려진 것처럼 닝샤의 허란산賀蘭山이나 네이멍구 우하이烏海 소재 줘쯔산卓子山 등지에는 얼굴을 중심 제재로 하는 암각화들이 집중적으로 그려져 있다. 또한 아무르 강변의 시카치 알란Sikachi-Alyan이나 우수리 강변의 셰레메티에보Sheremet'ego

그림 25 얼굴 문양의 청동 방정
(상대 후기, 라쩌허우, 2014)

등지의 암각화 속에도 얼굴이 집중적으로 새겨져 있다. 그 밖의 남부 시베리아, 카자흐스탄, 키르기스스탄 등 보다 더 넓은 지역에서도 그런 유적들이 보이기 때문에 일찍부터 얼굴을 중시하는 문화 집단이 중국 북부와 그 이북 지역에 거주하였을 가능성을 추측할 수 있다.

물론 신석기 시대 이후 여기저기에서 봇물이 터지듯 얼굴과 인체 조소상들이 제작되기 시작하였다. 상주 시대의 청동 주물에는 기괴한 모양의 얼굴(그림 25)과 동물들이 시문되어 있는데, 이러한 형상을 중국에서는 '닝리寧雳'라고 부르고, 그러한 조형 예술의 세계를 '닝리의 미'라고 개념화하였다. 또한 고촉 문화기의 싼싱두이三星堆 유적에서 출토된 '인면 청동상'(그림 12)도 얼굴 형상으로서는 독특한 지역적 독자성을 보이고 있다. 그러나 인물 조소상의 백미는 역시 진나라 시황제의 지하용사 병마용兵馬俑(그림 26)이다. 병마용은

그림 26 병마용
(진시황 병마갱)

실물대의 인체 소상으로 표정과 자세의 사실성과 함께 방대한 규모 등이 보는 이를 압도한다.

임산부 형상의 인체 토르소

　1979년 이후, 중국 고고학계는 요서 산악 지역에 분포하는 소위 '여신 사당女神廟', 제단과 적석총 등 홍산문화紅山文化 유적에 대한 대규모의 발굴을 실시하였다. 그중 하나가 랴오닝성 카쭤현喀左縣의 둥산쭈이에 있는 '제사터祭壇'였는데, 이 유적은 방사성 탄소 연대 측정을 통해 지금으로부터 5,000년 전 사람들에 의해 만들어진 것이라는 결과를 얻었다. 이 유적에서도 차이자펑이나 뤄난 등의 유적에서 출토된 것과 유사한 테라코타陶塑 작품들이 계속해서 발견되었는데, 특히 1982년에는 랴오닝성 둥산쭈이 유적 제사터에서 처음으로 작고 배가 부른 인체 토르소(그림 22)가 출토되었다.

　이 유적은 랴오닝성 카쭤치喀左旗 다청쯔전大城子鎭 동남쪽 둥산쭈이 언덕 위의 평평한 대지臺地 가운데 위치한다. 조사

보고서에 따르면 유적 중심에는 돌로 층계를 쌓은 거대한 사각형 집터가 있는데, 그 속에는 85센티미터 전후의 비교적 큰 돌덩어리들이 많이 쌓여 있고, 가장자리에는 돌담이 둘러져 있었다고 한다. 중심 유적의 바로 앞부분에는 돌멩이를 가지런히 쌓아서 만든 지름 2.5미터 정도의 원형 대지가 있는데, 그 속에도 크기가 서로 비슷한 강돌들이 깔려 있었다고 한다. 흙으로 빚어서 만든 사람 형상들은 바로 이 원형 유구의 황토층 가운데서 발견되었다. 연구자들은 바로 이 유구가 부락 연맹체 구성원들이 제사를 거행하던 신성한 장소라고 추정하였다.

두 개의 토르소에 대해서는 몸체가 5.8센티미터 정도인데 오른쪽 어깨와 무릎 아래 부분이 모두 훼손되어 있었다고 하였다. 이 소상의 제작자는 인체의 비례와 임산부의 부른 배 등을 조형적으로 잘 파악하여 만들었다고 하면서 동시대 인물 소상 중 보기 드문 높은 수준의 솜씨로 제작되었다고 기술하였다. 두 개 가운데서 몸통이 보다 더 큰 것은 표면을 갈아서 광택을 내었으며, 동시에 붉은색 물감을 칠한 것으로 보았고, 다른 하나는 표면을 연마하지는 않았다고 하였다. 그 밖에도 사람의 상·하체, 팔과 손, 허리 등 다수의 소조 파편들이 확인되었는데 이러한 인체 파편들로 당시 사람들의 특별한 면모와 자태를 살필 수 있다고 하였다.

중국 학계에서는 이 유적에서 출토된 배부른 사람 형상을 두고 '임산부 형상孕婦像'이라 명명하였다. 그러면서 이 형상을 '지신地媼'이라 하고 곡식의 풍요로운 수확과 출산을 관장하는 여신으로 보고자 하였으며, 일부 연구자는 조상에게 제사를 지낼 때 모시던 작은 우상이라고도 하였다. 그뿐만 아니라 이 토르소가 '빌렌도르프의 비너스'(그림 3)를 연상시키지만 그 표현 기법은 보다 간단하다고 하였다. 동서양을 막론하고 문명의 여명기를 담당하였던 인류는 이러한 임산부 형상들을 제작하였는데, 그것을 모두 다산과 풍요 등 생육 숭배와 관련 있는 것으로 보았다.

그 밖에도 이처럼 완전한 환조 형식으로 만들어진 나체 소상은 중국에서 처음 발견되었고, 중국 조형 예술사상 이 분야와 관련되어 있던 공백을 메워 주었다고 하였다. 이에 대해 대부분의 연구자들은 이견을 제시하기보다는 그것이 '여신상'임을 전제하고 형상이 제작될 당시의 사회 상황이나 제사터로서의 유적지의 구조와 성격 등을 설명하는 데 보다 많은 주의를 기울였다.

그리하여 신석기 시대에 농업의 발전, 동물의 사육, 도기 제작 등으로 사람들이 토지에 더 많이 의지하게 되면서 그것이 대지모신 숭배라는 종교 행위와 연결되었고, 그 연장선상에서 여성 토우가 제작된 것으로 보았다. 동시에 중국 학계에서는 이 형상을 모계 사회의 생육 숭배와 연결시키면서 둥산쭈이의 장방형 제단을 모신 숭배의 제사터라고 하였다.

뉴허량 유적에서 발견된 얼굴 소상

둥산쭈이 유적에서 서북쪽으로 50여 킬로미터 지점에 있는 뉴허량 유적 소위 '여신 사당女神廟'에서 1983년 얼굴 소상(그림 23)을 발견하였다. 이 유적의 위치는 랴오닝성 링위안 현凌源縣과 젠핑현建平縣의 경계 지점에 해당하며, 이곳에는 신석기 말에서 청동기 초기에 축조된 적석총을 비롯하여 제사 유적들이 분포되어 있다. 보고서에 따르면 여신 사당은 중심방主室과 몇 개의 옆방客室들이 서로 연결되어 만들어진 여러 방多室 구조의 건축물인데, 허물어진 벽 가운데 일부 남아 있는 적갈색赭色, 황토색, 흰색 등의 물감으로 그린 기하학 무늬들을 중국에서 가장 오래된 벽화 유물이라고 하였다. 또한 이 여신 사당에서 비교적 온전한 여신 두상頭像 한 점과 흙으로 빚어서 만든 사람의 눈·코·입 등 오관과 젖가슴, 손발 등의

파편이 발견되었다고 하였다.[3]

    여신상의 크기는 지름 22.5센티미터, 세로 16.5센티미터인데 이는 실제 사람의 머리 크기와 같다고 하면서 정수리와 왼쪽 귀는 이미 훼손되어 없다고 하였다. 이 형상의 이마 부분에는 한 개의 원형 띠 장식이 있고, 눈 사이를 모았으며 눈에는 에메랄드빛 옥으로 된 안구가 박혀 있는데, 그것이 은은한 담청색 안광을 뿜어내고 있다고 하였다. 아랫입술이 떨어져 나가 마치 입을 크게 벌린 것 같으며, 눈·코·입 등의 구성은 보는 사람에게 신비로우면서도 위엄이 있고 또 엄격한 인상을 풍긴다고 하였다. 중심 방에서 출토된 다른 사람 형상 파편들을 분석하고 또 그 결과를 종합할 때, 이 형상이 여성적 특징을 갖추고 있다고 하면서 '여신'이라고 하였다.

    또한 이 얼굴 소상에서 귓바퀴는 개념화되었다고 하면서 얼굴 표면에 부드러운 진흙을 바르고 갈아서 매끄럽게 한 다음 핑크색을 칠하였고 입술은 주홍색을 칠하였다고 밝혔다. 게다가 동일한 몸통의 어깻죽지 부분이 발견된 점으로 보아 이 얼굴 소상을 전신의 한 부분이라고 설명하였다. 이 여신 사당에서는 모두 5~6명 정도의 사람 형상 파편들이 발견되었는데, 그 가운데 크거나 작은 것, 젊거나 늙은 형상 등의 구별이 있다고 하였다. 그리고 위치나 크기 등을 놓고 볼 때, 발견된 깃들이 모두 중요한 신神祇을 형상화한 것은 아니라고 하였다. 중심 방 가운데서 발견된 파편에서 보이는 사람 세 배 정도 크기의 코나 귓바퀴 등은 거대한 주신主神 소조상이 파손된 부분이라고 하였다. 이러한 상황을 통해서 볼 때 '여신 사당' 가운데 봉안된 것들은 신상들의 서열에 높고 낮음의 차이가 있었음을 보여준다고 하였다.

종교적 성지
둥산쭈이와 뉴허량

　둥산쭈이 유적은 북쪽에 있는 거대한 돌들로 만들어진 사각형의 시설물이 유적의 중심지이고, 이것을 관련 연구자들은 '커다란 사각형 기지大型方形基址'라고 부른다. 그 크기는 동서로 11.8미터, 남북으로 9.5미터에 이르는데, 그 속에는 길이 약 85센티미터 전후의 끝을 뾰족하게 손질한 돌들이 세워져 있다고 한다. 그 밖에도 동서로 24미터에 이르는 돌을 쌓아서 만든 사각형의 시설물이 있고, 그로부터 남쪽에 돌을 쌓아서 만든 원형의 대지가 있는데, 이를 '돌 서클石圓圈'이라고 부른다고 하였다. 발굴 조사를 통해 돌 서클은 한 번에 축조된 것이 아니라 여러 차례 보수되어 현재의 모습圓形을 갖추게 된 것으로 보았다. 중국 학계가 주장하는 소위 '임산부 형상'은 바로 이곳에서 출토된 것이다.

중국의 관련 학계는 둥산쭈이 유적이 주거지와 같은 생활 유적이 아니라 제사터라고 주장하였다. 특히 이 유적은 풍요와 다산을 기원하는 종교 의례가 거행된 제단임을 유구의 배치와 출토 유물의 성격 등으로 설명하고자 하였다. 이 유적은 전문적으로 만들어진 대형 제사 활동을 위한 석조 건축지라고 하였는데, 그렇게 보는 이유로 이곳에서 생활 유적이 발견되지 않는 점을 든다. 북쪽과 남쪽 등 돌을 쌓아서 만든 이들 시설물 사이의 빈 터에서 어떠한 건축물이나 주거 흔적도 살필 수 없고, 이런 점으로 보아 이 지역은 전체가 당시 문화 주인공들이 공동으로 거행하는 종교 활동의 장소였다고 보았다. 또한 이 유적에서 보이는 사각형과 원형의 두 가지 유구를 '천원지방天圓地方'의 고형으로 보기도 하였다.

둥산쭈이 유적에 비해 뉴허량은 그 규모가 훨씬 크고 전체적인 짜임새도 계획에 의해 체계적으로 건립된 것으로 보인다. 이 유적의 규모는 전체 면적이 약 50제곱킬로미터에 이른다고 하는데 모든 유구들이 여신 사당을 중심으로 배치되어 있다. 여신 사당에서 북쪽으로 18미터 지점에는 가장자리에 돌을 두른 200제곱미터 규모의 대지平台가 있고, 서남쪽의 관산關山에도 원형 건물터가 있는데, 이 둘이 여신 사당을 중심으로 일직선상에 배치되어 있다. 그에 더하여 많은 적석총과 그 밖의 건축물들이 모여서 50제곱킬로미터에 이르는 거대한 종교적 성지를 이루고 있다고 한다.

전체 유적의 중심에 있는 여신 사당을 다시 정리하면, 길이가 18.4미터에 너비는 2.5미터이며, 여러 개의 방으로 된 반지하식 건축물이다. 이 사당의 중간 지점에서 좌우로 하나씩 곁방側室이 붙어 있으며, 내벽에는 기하학 도상들이 황토색 등 물감으로 그려져 있고, 방 안에는 흙으로 빚은 소조상의 파편이 많이 발견되었다. 이 파편들은 사람의 머리를 비롯하여 어깨·팔·손·젖가슴 등인데, 5~6명에 해당하는 양이라고 한다. 이것들은 모두 여성을 형상화한 것으로 그중 어떤 것들은 여성의 피부 질감을 나타낸 것도 있다고 한다.

여신상은 실제 사람의 얼굴 크기와 같고, 중심 방의 서쪽 옆방에 배치되어 있었다고 한다. 중심 방의 가운데서 실제보다 세 배나 큰 코와 귀 등이 발견되었는데, 이는 중심 방을 둘러싸고 있는 여러 방들에도 각각 신상들이 배치되어 있었음을 말해 준다. 사람뿐만 아니라 용의 몸통과 돼지의 머리, 맹금류의 발톱 등을 형상화하는 소조상들도 같이 출토되었다. 앞에서 언급한 200제곱미터의 평평한 대지는 바로 여신 사당에서 북쪽 18미터 지점에 있고, 그곳에서도 다수의 토기 파편들이 출토되었다는 점을 통해서 무언가 의식을 거행한 것으로 보았다.

적석총은 일반적으로 사각형이며, 각 변의 길이는 약 18미터에 이른다고 한다. 사용된 돌은 모두 가공한 것들이었으며, 그 가운데 비교적 큰 돌널^{石槨} 무덤이 있다. 부장품으로는 옥룡, 옥띠, 옥팔찌, 옥벽, 등 주로 옥기들이 출토되었으며, 색칠을 한 도관^{陶罐}들도 한 줄로 배열되어 있거나 원을 그리며 둘러져 있다. 가운데 있는 큰 석곽묘는 가족의 것일 가능성이 매우 높은 것으로 보았으며, 그럼에도 신분상 위계질서가 있었다고 하였다. 10여 개의 적석총이 모여서 거대한 적석총군을 이루고 있다.

대부분 연구자들은 이 유적들에서 출토된 얼굴 소상과 인체 토르소가 조상 숭배와 관련이 있는 우상^{偶像}이라고 보았다. 여신 사당을 중심에 두고, 그 주변에 이와 관련된 부속 건물들이 어떤 계획에 따라서 배치되었으며, 결과적으로 그것이 거대한 제사 중심지를 이룬 것으로 보았다. 그러므로 이 유적은 하나의 씨족이나 혹은 한 부락 소유가 아니라 훨씬 더 큰 규모의 문화 공동체가 숭배하는 공동 조상의 성지라고 결론을 내린다. 그러면서 지금으로부터 5,000년 전의 홍산문화 주인공들은 이미 토템 숭배의 단계에서 벗어나 조상 숭배의 단계로 진입했음을 알 수 있다고 하였다.

'여신상'이 새로 쓴 중국 고고학의 역사

뉴허량 유적은 발굴 조사가 완료됨과 동시에 거대한 박물관 단지로 재탄생했다. '여신 사당' 자리에는 현대식 박물관이 세워졌으며, 그 속에서 유리창 너머로 사당의 위치와 규모, 그리고 '여신상'이 출토된 지점과 발굴 당시 그것이 놓여 있던 상황을 살필 수 있게 구성해 놓았다. 박물관 바깥에는 추정 복원된 여신 사당이 세워져 있다. 적석총 유적은 거대한 돔형 박물관으로 새롭게 단장을 하였다. 그로부터 가까운 유적 진입로 입구에는 여신 사당에서 출토된 '여신상'의 이미테이션(그림 27)이 방문객들을 맞이한다. 그리고 그보다 조금 더 높은 곳에는 뉴허량박물관이 새로 건립되었다(그림 28).

이 유적은 마치 진시황 병마용갱이나 둔황燉煌 막고굴莫高窟처럼 국가 최고등급의 박물관으로 건립되었는데, 이는 중

그림 27 뉴허량박물관 '여신상'의 이미테이션

국 중앙정부의 관심과 지원이 얼마나 큰지를 여실히 보여준다. 그런데 이 유적의 핵심 유물은 사실 '여신상'이다. 최첨단 기술을 동원하여 만든 거대한 돔 천장 박물관 속의 적석총(그림 29)이 아니다. '여신 사당' 좌우에 배치된 유구들도 아니다. 그것들은 모두 주인공인 '여신상'과 '사당'의 조역들이다. 바로 그 '여신상' 하나 때문에 중국 역사 고고학계는 이전에 쓸 수 없었던 고대사의 한 페이지를 새롭게 쓸 수 있게 되었다.

중국 역사 고고학계가 이처럼 흥분한 이유는 이 '여신상'이 씨족 단계를 넘어 고국古國 단계의 정치체가 실재했다는 주장을 펼칠 수 있는 확실한 단서라고 여겼기 때문이다. 중국 고고학계는 이 유적이 개인이나 부락 단위의 종교 시설물 규모를 넘어선 보다 큰 공동체의 성소라는 점에 초점을 맞추고 있는데, 이러한 점이 바로 고국 단계의 암시적인 표현이다. 또한 '여신 사당' 속에 등신대보다 세 배나 큰 인체 소조상을 비롯하여 서로 다른 크기의 파편들이 있다는 점이나 적석총에 대소 구분이 있는 무덤들과 더불어 그것들 사이에도 위계질서가 분명히 보인다는 주장 등이 이 문화의 주인공들에게는 신분제도가 있었다는 점을 말해 준다. 따라서 이 유적의

그림 28
뉴허량박물관 전경

그림 29
뉴허량박물관 적석총

주인공은 씨족 단계의 사회에서는 벗어났지만 하·상·주와 같은 국가 단계까지는 이르지 못한 정치체였다는 것이다.

이 문화 주인공은 원시 토템 사회에서 벗어나 농경과 가축을 기반으로 하는 정착 생활을 시작한 사람들이었으며, 그들의 사회는 구성원들이 모두가 평등한 신분이 아니라 '지배와 피지배' 계층으로 계급 분화가 이루어져 있었다는 것이다. 또한 그들은 여신을 숭배하였는데, 그 여신은 대지의 풍요로움, 인간과 동물의 다산과 번성을 주관하는 생육의 신이었다. 그들은 종교 행사를 거행할 때 제단을 만들고 또 그 제단에는 '임산부 형상'을 빚어서 진설하고 다복을 구하는 의례를 거행하였다. 물론 이 의례의 정점에는 여신이 있었고, 그것이 중심 마당을 이루었다. 이는 전 공동체의 종교 행사였던 것이다.

바로 이러한 사회는 고국의 이미지와 부합한다. 아마도 그 여신은 대지모신大地母神, Mother Earth, Earth Mother 이기도 하였고, 또 특정한 부족 연합체의 '어머니'였을 수도 있다. 그래서 쑤빙치蘇秉琦는 이 여신상을 "훙산인의 여자 조상인 동시에 중화민족 공동의 조상"이라고 하였다. 또한 둥산쭈이에서 출토된 '임산부 형상'이 "중국에서 처음 발견되었으며, 중국 조형 예술사의 빈 공백을 메운 것"이라거나 "오스트리아의 빌렌도르프의 비너스를 연상시킨다"고 하였으며, 모계사회의 생육 숭배와 관련지었다. 그뿐만 아니라 석기 시대에 제작된 비너스상과 동질의 의미를 지닌 것으로 보았다. 또한 둥산쭈이 제단이 사각형과 원형으로 이루어진 점을 상기하면서 그것이 원시적인 '천단天壇'이라고 하였다.

이와 같은 점은 중국이 '방국'과 '제국'의 단계라는 보편적인 역사 발전의 과정을 거치면서 발전하였음을 증명해 주는 퍼즐 조각들이었다.

'여성'과 '임산부'라는
주장의 한계

중국 학계는 이렇듯 흙으로 빚어서 만든 이 얼굴 형상(그림 23)을 여성이라고 단언하고, 그것이 "홍산인의 여자 조상이고, 중화민족 공동의 조상"이라고 평가하였다. 이러한 주장의 근거는 그것이 출토된 '여신 사당'의 중심 방에서 등신대비 세 배 크기의 여성 젖가슴 파편이 나온 것이 전부다. 그런데 문제의 얼굴 형상은 중심 방이 아니라 그 왼쪽 옆방 벽 근처에서 발견되었다. 따라서 얼굴 형상과 중심 방에서 출토된 여성 젖가슴 파편 사이에는 직접적인 관련이 없다. 더욱이 그 젖가슴 파편은 얼굴 형상에 비하면 세 배나 더 크게 빚어졌다.

그렇다면 이 얼굴 형상에서 여성의 표징이라고 할 수 있는 무언가가 표현되어 있는지를 살펴볼 필요가 있다. 이 얼굴 형상은 이마 위의 띠를 제외하고 가로로 이등분을 하면 콧날의 중간이 선을 통과한다. 얼굴을 세로로 삼등분하면 이마에서 눈꼬리, 코끝, 턱 끝 등이 각각 이 선에 해당한다. 볼의 폭은 세로의 삼분의 일에 해당하며, 그 가운데 코가 자리를 차지하고 있다. 왼쪽 귀는 훼손이 되어 모양을 살필 수 없으나 오른쪽 귀는 남아 있는데, 위치는 눈썹의 높은 부분과 나란한 지점에서 시작하여 코끝보다 약간 높은 지점에 붙어 있으며 세부는 모두 생략되어 있다.

또한 이 형상에서는 머리카락이 없다. 그리고 얼굴 이외의 다른 어떤 것도 살필 수 없다. 이마는 편편하고, 이마와 눈두덩 사이의 경계는 가파르며, 눈썹은 큰 타원형을 이룬다고 할 수 있다. 두 눈은 럭비공같이 가로축이 긴 타원형을 이루고 있고, 눈꼬리 끝은 위로 치켜올라가 있다. 눈동자에는 둥근 비취翡翠가 박혀 있다. 콧날은 미간에서부터 우뚝 솟아 있으며, 광대뼈는 미미하게 솟아 있다. 입은 아랫입술이 떨어져 나갔으나 그 꼬리는 약간 올라갔으며, 얼굴의 크기에 비할 때 약간 큰 편이다. 이것이 얼굴 형상에 대한 대강의 스케치이다. 그리고 머리에는 띠가 있는데, 이것이 원래 무엇을 나타낸 것인지는 알려져 있지 않다.

얼굴 형상의 전체적인 인상은 매우 근엄하고 또 차가운 느낌을 자아낸다. 또한 이 형상 가운데는 성별을 구분해 낼 어떠한 표징도 보이지 않는다. 만약 남성과 여성 중 어느 쪽에 더 가까운지 묻는다면, 남성의 인상이 더 짙다고 할 수 있다. 그러니까 그것이 여성임을 증명할 만한 어떠한 특징도 이 형상에서는 발견해 낼 수 없다. 물론 이와 같은 생김새의 여성이 없다고 어느 누구도 단언할 수는 없다. 하지만 머리카락이 길다거나 얼굴형이 갸름하다거나 하는 일반적인 여성의 특징들을 살필 수 없다. 이 얼굴 형상이 여성이라고 특정할 어떠한 단서도 없다. 이 형상은 남성도 여성도 아닌 그냥 사람의 얼굴인 것이다.

한편, 둥산쭈이 유적에서 출토된 인체 토르소를 두고 '임신한 여성 형상'이라고 하였는데 이 형상이 임신한 여성을 형상화한 것이라는 주장의 근거는 단 하나다. 그것은 배가 볼록하게 튀어나왔다는 점이다. 이 형상이 흙으로 빚어졌고, 또 왼손을 불룩한 배 위에 대고 있는 모습이 석기 시대의 '풍요의 여신상'이라 불리는 비너스상들과 형태가 유사하다는 것이다. 특히 이 형상에서 부른 배는 '빌렌도르프의 비너스'와 같고, 또 왼손의 위치가 로셀의 '각배를 든 비너스'(그림 7)와 비슷하다는 점을 들어 석기 시대의 여신상을 연상했던 것이다. 그리하여 특별한 의심 없이 그것을 다산과 풍요의 생육신, 즉 대지모신과 같은 신상이라고 여겼던 것이다.

사람들은 흔히들 석기 시대를 포함하여 선사 시대의 인류가 오늘날의 현대인보다 지적으로나 감성적으로 덜 발달하였다고 생각하는 경향이 있다. 그러나 이는 잘못된 생각이다. 그들은 현대인들보다 훨씬 뛰어난 관찰 능력을 지녔고, 뭇 사물들의 차이를 구별하는 변별력 또한 탁월했다. 현대인들이 이용하고 있는 분류체계는 어느 날 갑자기 하늘에서 뚝 떨어진 것이 아니다. 석기 시대 인류의 분류체계가 오늘에 이어져 온 것이다. 그들은 동물은 물론이고 식물도 식용과 독성이 있는 것들을 정교하게 구분했고, 그것들을 언제 어떻게 쓰면 되는지 등에 대한 체계적인 지식을 갖추고 있었다.

하물며 사람에 대한 이해가 그것들에 뒤질 수 있을까? 그들은 남성과 여성의 신체적 차이를 분명히 구분하고 있었다. 당시의 사람들이 남겨 놓은 그림들을 보면, 젖가슴이나 생식기 등의 성징 표현이 없이도 남성인지 여성인지 알 수 있게 표현해 놓았다. 어깨와 골반 부위의 발달 정도에 대한 표현으로 알 수 있다. 석기 시대는 물론이고 고대 벽화와 조소 작품들을 보면, 이러한 차이점에 근거하여 인체의 표현이 이루어져 있음을 쉽게 살필 수 있다. 거기에다 일반적으로 여성을 표현한 경우는 젖가슴과 생식기를 또렷이 표현하고 있다. 그것은 선사 미술의 일반적인 조형 규범이었고, 이후 이어지는 후속 세대들의 조형 예술에서도 불문율처럼 지켜져 왔다.

그런데 둥산쭈이 유적 가운데서 출토된 인체 토르소가 단지 배가 부르다거나 석기 시대의 비너스상들과 부분적으로 닮았다는 이유로, 비너스상과 같은 여성상, 그것도 임신한 여성을 형상화한 것이라고 보는 것은 억지이다. 이 형상이 임신한 여성을 나타낸 것이라면 무엇보다도 젖가슴이 있어야 된다. 왜냐하면 태어날 아이에게 젖을 먹여야 하기 때문이다. 산모에게 모유 수유는 거부할 수 없는 생리적인 현상이다. 물론 임신을 하지 않았을지라도 성숙한 여성이라면 젖가슴이 있다. 젖가슴이 발달하지 않은 여성 형상에는 생식기가 표현되어 있다.

둥산쭈이 유적에서 출토된 인체 토르소에는 젖가슴이 없다. 그뿐만 아니라 이 형상의 어깨와 가슴은 골반 부위만큼이나 벌어져 있다. 물론 이 형상에서는 생식기를 살필 수 없다. 구석기 시대 비너스상에서 가장 중요한 것은 삼각형의 여성 생식기이다. 그들은 배와 골반 부위의 해부학적 구조까지 정확히 이해하고 여성의 생식기를 표현하였다. 그런데 이 형상에서는 그와 같은 여성의 성적인 신체 특징들이 하나도 갖추어져 있지 않다. 그러므로 중국 학계의 '임신한 여성'이라는 주장은 안타깝지만 설득력이 없다.

2장

선사 미술에서 시작된
비너스상의 계보

알타미라 동굴 속
선사 미술의 발견

 알타미라 동굴벽화는 잘 알려진 바와 같이 1879년에 마르셀리노 산즈 데 사우투올라Marselino Sanz de Sautuola(1831~1888) 후작(그림 30)과 그의 딸 마리아Maria Sanz de Sautuola(그림 31)에 의해 발견되었다. 미술사의 신기원을 이룩한 이 발견을 당시 유럽 선사학계에서는 인정하지 않았다. 오늘날이야 당연한 일이지만, 불과 150년 전까지만 해도 석기 시대의 인류가 알타미라 동굴 속 벽화와 같은 그림을 그렸다는 사실을 받아들이지 못했다. 그뿐만 아니라 당시 주류 학계는 발견자 사우투올라 후작을 미치광이로 매도하였고, 이 동굴벽화는 곧장 '위작설' 시비에 휘말렸다. 그 무렵에는 선사시대, 특히 구석기 시대의 인류를 오늘날의 인류보다 지적으로나 문화적으로 수준이 낮은 미개한 존재로 인식하였기 때문이었다. 그러니 당시의 주류 학계는 알타미라 동굴벽화 속 들소 (그림 5)와 같이 금방이라도 튀어나올 듯 생동감 있는 그림을 석기 시대의 미개한 사람들이 그렸을 것이라고는 상상도 하지 않았고, 믿지도 않았다.

그림 30 사우투올라 후작

이처럼 불과 한 세기 반 전만 하더라도 구석기 시대의 인류가 동굴벽화와 같은 그림을 그렸다는 주장은 발붙일 곳이 없었다. 당시 학계의 전문가들이 내세웠던 반박의 근거는, 석기 시대 인류의 주거지는 일반적으로 동굴의 입구에 있는데, 이러한 점에 비추어 볼 때 벽화는 입구에서 훨씬 더 깊숙한 곳에 그려져 있다는 것이 첫 번

그림 31 마리아 사우투올라

째 이유였다. 두 번째는 벽화 속 형상들이 마치 최근에 그려진 것처럼 색깔도 선명하고 또 형상들이 살아 있는 듯 생동감 있게 그려져 있다는 점이었다. 당시에는 석기 시대의 인류를 오늘날의 인간과 유인원 사이의 중간 정도 단계에 머물러 있

었을 것이라고 믿었으며, 그러므로 그러한 미개인들이 어떻게 알타미라 동굴벽화와 같은 그림을 그릴 수 있느냐는 되물음이 전제되어 있었다. 이와 같은 인식이 당시 학계의 대세였기 때문에 알타미라 동굴벽화를 발견한 사우투올라 후작은 결국 화병을 앓다가 세상을 등지게 되었다.

사우투올라 후작 사후 10년도 지나지 않은 1895년의 '라 무트La Mouthe'를 시작으로 하여 1896년에는 페르 농 페르Grotte de Pair-non-Pair, 그리고 1901년에는 콩바렐Grotte des Combarelles 등과 같은 동굴 속에서 벽화가 확인되었다. 특히 페르 농 페르 동굴에서는 마들렌madeleine과 솔뤼트레solutrean 문화기에 생성된 퇴적층 아래의 벽에서 선 그림이 발견되었는데, 이는 그 그림들이 솔뤼트레 문화기보다 더 이전에 그려진 것임을 말해 주는 의심할 수 없는 증거가 되었다. 당연히 이 그림은 이 두 문화기보다 앞선 그라베트 문화기에 남겨진 것으로 판명되었다. 동굴벽화들은 이후에도 지속적으로 발견되었다. 이 동굴벽화들도 알타미라 동굴에서 보았던 것과 같이 동굴 입구로부터 깊숙한 곳에 그려져 있었다. 동시에 동물 형상들은 생동감에 차 있었고, 또 사용된 색깔 역시 금방 칠한 것처럼 생생하였다.

이러한 상황 변화에 따라 프랑스와 스페인을 비롯한 유럽의 당시 선사학계는 마침내 알타미라를 비롯한 동굴 속 벽화들이 구석기 시대의 인류에 의해서 제작되었음을 인정하게 되었으며, 그로부터 선사 미술의 발견과 연구는 황금기를 맞게 되었다. 이 과정에서 비단 물감으로 채색하여 그린 동굴벽화뿐만 아니라 바위그림, 바위 표면에 새겨진 부조, 그리고 뼈나 뿔 그리고 돌멩이 등을 이용하여 만든 조각과 흙으로 빚어서 만든 소조塑造까지 미술의 전 장르가 동시다발적으로 발견되었다. 그것들은 대체적으로 지금으로부터 3만 5,000년 전에서부터 1만 년 전의 사이의 오랜 기간 동안 현생인류(크로마뇽인)에 의해 제작된 것들이었다. 이 벽화나 조각품 등은 오늘의 우리들을 감동시키기에 충분한 조형성을 지니고 있을 뿐만 아니라 미스터리한 선사 시대를 해독하는 열쇠이기도 하다.

선사 미술에서 보이는 사람 형상

 연구를 통해서 동굴벽화의 중심 제재는 일반적으로 소와 말을 대립 쌍으로 하는 동물들이었으며, 이미 멸절되어 지금은 지구상에서 모습을 살필 수 없는 야생 들소(바이슨)를 포함하여 동굴 곰이나 사자, 털 코뿔소, 심지어는 매머드처럼 빙하기에 서식하였던 동물들도 그려져 있음을 알게 되었다. 물론 이와 같은 제재들은 동굴벽화가 석기 시대의 인류에 의해 그려진 것이라는 움직일 수 없는 증거다. 그리고 시간이 경과되고 더 많은 지역의 조사와 연구가 진행됨에 따라 구석기 시대의 동굴벽화나 각종 조각품들은 프랑코 – 칸타브리아 지역을 넘어 유라시아 대륙의 전 지역에서도 발견되었으며, 이에 따라 늦어도 1만 년 전 이전의 인류와 그들의 사유 방식 및 세계관, 조형 능력, 자연 환경과 동물의 서식 상황, 그리고 그들이 스스로를 어떻게 인식하였는지의 문제 등을 살필 수 있는 단서들을 확보할 수 있게 되었다.

석기 시대에 제작된 조형 예술의 중심 제재는 동물이지만, 선사 시대 화가들은 그에 더하여 다양한 기호와

그림 32 반수반인
(산족, 아프리카)

기하학적인 형상들도 남겨 놓았다. 이와 같은 점은 인류가 이미 후기 구석기 시대부터 직관과 비직관의 경계를 자유로이 넘나들었다는 것을 보여 준다. 또한 당시의 화가들은 그와 그들의 동료들의 모습도 매우 흥미롭게 형상화하였는데, 그것들은 일반적으로 상체가 동물이고 하체가 사람이거나 혹은 반대로 상체가 사람이고 하체가 동물인 소위 '반수인'의 모습(그림 32) 혹은 머리가 없는 모습(그림 33) 등으로 표현되어 있다. 또한 이들은 주로 동물들과 함께 구성되어 있거나(그림 34) 여럿이 모여서 의례를 거행하는 광경(그림 35)을 형상화하였다. 이런 이유 때문인지 한때는 구석기 시대의 동굴벽화 가운데 사람 형상은 그려져 있지 않다고 보았으며, 바로 그 점을 구석기 시대 벽화의 특징 중 하나라고 하였다.

그러나 당시 화가들은 스스로의 모습, 즉 드물기는 하지만

그림 33 여성

그림 34
동물과 임산부(로주리 바스)

그림 34-1
사람과 동물(뼈 선각)

그와 이웃을 초상화 형식이나 전신상으로 형상화해 놓았다. 그런데 전신상의 경우는 앞에서 소개한 것처럼 머리가 없거나 있다고 하여도 눈·코·입 등을 생략하였으며, 어떤 경우에는 특정 동물의 머리로 대체해 표현하였다. 특히 머리가 동물인 반수인은 주로 두 손을 모아서 얼굴 앞이나 위로 치켜들고 있으며, 다리는 기마 자세처럼 적당한 간격으로 벌리고 있고 무릎을 약간 구부린 엉거주춤한 모습(그림 36)으로 형상화되어 있었다. 이러한 포즈 때문에 연구자들은 이들을 특별한 의례를 거행하는 주술사나 동물의 생사를 주관하는 신神 등으로 해석하기도 하였다.

반수인 형상의 대표적인 예 가운데 하나가 라스코 동굴의 '우물' 바닥 가운데 그려진 '새 사람半鳥人' 형상(그림 37)이다.

그림 35 **군무**(델라아우라, 시칠리아)

그림 36 주술사(레 트루아 프레르 동굴)

초기 연구자 중에는 새부리 사람 형상을 '사냥꾼'으로 보았으며, 그가 사냥 중 들소에게 떠받혀서 쓰러진 모습, 즉 '사냥 중에 일어난 사고'를 그림으로 그려 놓은 것이라고 하였다. 한편 이 형상을 두고 선사 시대의 에로틱을 논한 이도 있다. 즉 그림 속 새 사람의 배꼽 부분에서 튀어나온 돌기를 남성의 발기된 생식기로 보면서 선사 시대의 '에로틱' 장면이라고 해석하였던 것이다.

또한 머리가 없는 것들은 주로 여성을 형상화한 것들이다. 그것들은 대체적으로 어깨 및 상체는 왜소하지만 엉덩이는 크게 발달한 모습이며, 일부 형상들에는 젖가슴이 표현되어 있다(그림 33). 이런 유형의 형상들은 페슈 메를, 콩바렐 등을 비롯하여 독일 괴네스도르프Gönnersdorf, 체코의 페카르나Pekárna, 폴란드의 빌치차Wilczyca 등지에서 발견되었는데, 그것들을 '라린드 스타일Lalinde style' 또는 '라린드-괴네스도르프 전통Lalinde-Gönnersdorf tradition'이라고 일컫는다. 이런

그림 37 반조인(라스코 동굴)

유형의 형상들은 비단 바위 표면의 선각뿐만 아니라 뼈나 돌을 깎아서 만든 조각품 가운데서도 살필 수 있다.

세계 곳곳에서 발견되는 비너스상

여러 형상들과 함께 부조浮彫나 환조丸彫의 형식으로 제작된 사람 형상들도 꾸준히 발견되고 있다. 우선 부조 가운데서 주목을 끄는 것은 '각배를 든 비너스'로 잘 알려진 '로셀의 비너스Venus of Laussel'이다. 이 비너스상은 1911년에 의사인 랄랑느Jean Gaston Lalanne에 의해 프랑스 남서부 도르도뉴의 로셀에서 발견되었다. 이 비너스상이 발견된 장소는 성소로 추정되었다. 유적은 바위그늘을 이루고 있고, 제일 깊숙한 곳에 성소가 있으며, 그곳 석회암 가운데 하나에 이 비너스상이 새겨져 있었다. 이 형상의 크기는 46센티미터에 이르는데 이는 지금까지 확인된 사람, 그중에서도 특히 비너스 유類의 형상들 가운데서 가장 크다. 이 유적에서는 그 밖에도 여성 부조 두 개와 남성 부조(그림 38) 하나가 각각 발견되었고, 또 생식기를 상징하는 조형물들도 여럿 확인되었다.

로셀의 비너스는 오른손에는 '바이슨의 뿔 horn of an ancient bison'을 들고 있고, 왼손은 배 위에 가볍게 대고 있는 모습이다. 머리는 얼굴과 머리카락의 두 부분으로 나뉘어 있고, 눈이나 코 등은 표현되지 않았는데, 들고 있는 뿔을 바라보는 듯하다. 아래로 처진 타원형의 젖가슴이 앞가슴을 거의 다 차지하고 있다. 바위 표면 가운데서 가장 앞으로 튀어나온 부분에 배가 오도록 하였으며, 약간 아래로 처진 배와 사타구니 사이에는 삼각형의 여성 생식기가 사실감 있게 표현되어 있다.

그림 38 남성 부조
(로셀 바위그늘)

이 형상에도 붉은색의 물감으로 칠을 한 흔적들이 남아 있었다. 비너스 형상의 오른손에 들려 있는 뿔에는 모두 13개의 선이 새겨져 있는데, 이를 두고 그것이 1년간의 달의 주기와 여성의 생리 주기를 나타낸 것이라고 보기도 하였다. 또 피가 가득 든 뿔이 최고의 출산력을 상징한다고 믿는 특정 부족의 믿음과 결부시켜서 이 형상의 상징적인 의미를 해석하기도

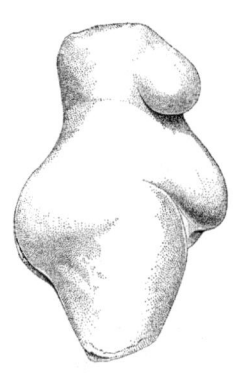

그림 39 배(梨) 비너스
(브라상푸이, S.Giedion, 1968)

하였다.

이렇듯 부조의 형식으로 여성을 형상화한 예들은 그 밖에도 몇 개가 더 있으며, 앞으로도 계속 발견될 가능성은 적지 않다. 한편 환조의 여성상, 즉 비너스상도 19세기 중반 이후 발견되기 시작하였는데, 그 가운데서도 가장 이른 것이 1872년 브라상푸이Brassempouy에서 발견된 '배梨 비너스'(그림 39)이다. 상아로 만들어진 이 형상은 발견 당시에는 엉덩이와 배 그리고 오른쪽 허벅지의 일부분만 남아 있었다고 한다. 전체 크기는 8센티미터이지만, 젖가슴, 배, 골반부 등을 강조하여 표현함으로써 성숙한 여성의 풍만한 몸매를 잘 드러낸 것으로 평가받고 있다. 물론 이 형상도 발견 당시에는 그다지 큰 주목을 받지 못했으나, 나중에 그 가치를 평가받고 복원되어 이제는 상 제르맹 앙 레 박물관에 전시되고 있다.

이후 10년이 더 지난 1883년에 프랑스와 국경을 접한 이탈리아의 그리말디 동굴Grotte des Grimaldi에서 고고학자 줄리앙Louis Alexandre Jullien(1844~1928)이 '꼭두 인형'이라 불리는 비너스상(그림 40)을 발견하였으며, 그로부터 7년간 줄리앙은 이 동굴에서 모두 14개의 비너스상을 더 발굴하였다. 그러나 줄리앙의 열정적인 발굴에 의해 모습을 드러낸 이 석기 시대의 비너스상들도 처음에는 진가를 제대로 평가받지 못했다. 그 이유는 같은 시기에 출토된 사실적인 동물 조각이나 벽화 속의 동물 형상들과 견줄 때, 이 비너스상들은 얼굴과 손발이 아예 없거나 혹은 있다고 하여도 경시되었고, 또 그에 비할 때 젖가슴, 배, 엉덩이 등은 지나칠 정도로 풍만하였으며 생식기도 분명하게 표현되어 있는 등 같은 시기의 다른 조형 예술품들과는 이질성이 두드러졌기 때문이었다.

그림 40
꼭두 인형(그리말디)

이렇듯 여성 성징들이 특별히 강조된 후기 구석기 시대 비너스상들에 대해서 당시 유럽 선사학계는 그 가치를 알아볼 만큼 조사 경험과 학술적 역량 등이 갖추어져 있지 않았다. 특별히 여성의 성징들을 강조하여 만든 이 비너스상들의 제작 의도를 눈치채는 데에는 더 많은 유사 유물과 조사 사례들이 필요하였다. 그리고 마침내 이탈리아의 그리말디가 아닌 다른 지역에서도 같은 계통의 비너스상이 출토되었다. 그

그림 41 브라상푸이의 아가씨(브라상푸이)   그림 42 비너스(홀레 펠스, 독일)

것은 법률가이자 고고학자인 피에트Edouard Louis Stanislas Piette(1827~1906)에 의해 1892년에 대서양에 접한 프랑스 남서부 랑드의 브라상푸이에서 발견되었다. 이 동굴에서는 모두 여덟 개의 조각상들이 출토되었는데, 그 가운데는 살찐 배와 여성기가 강조된 비너스상을 포함하여 유명한 '브라상푸이의 아가씨lady of Brassempouy'(그림 41)도 들어 있었다.

이후에도 비너스상들은 계속 발견되었는데, 빌렌도르프의 비너스(그림 3)가 1908년에 오스트리아에서 발견되었고, 1922년에는 피레네 산맥의 오트 가론느Haute Garonne에서 4.2센티미터의 레스퓨그Lespugue 비너스가 발견되었다. 1925년에는 이탈리아의 모데나 지방 사비냐노Savignano에서 농부 올린도 잠벨리Olindo Zambelli가 '사비냐노의 비너스'를 발견하였다. 이와 같은 비너스상들은 프랑코-칸타브리아 지방 뿐만 아니라 코스텐키Kostienki와 가가리노Gagarino, 그리고 아브데에보Avdeevo 등지에서 1920년대 후반부터 1930년대 중반까지, 시베리아의 말타Malta와 부레트Buret 등지에서도 비슷한 시기에 각각 발견되었다. 그리고 앞에서도 언급한 바와 같이 2005년 모스크바 근교의 자라이스키Zaraisky와 2008년의 독일 남서부 스바비안 유라Swabian Jura 지역 홀레 펠스Hohle Fels 등지에서도 같은 유형의 비너스상(그림 42)들이 발견되었다.

비너스상의
조형으로 보는 특징

 후기 석기 시대, 그중에서도 오리냐크-그라베트라고 하는 문화기에 주로 제작되었던 비너스상들은 지금으로부터 한 세기 반 전에 처음으로 실체가 확인되었다. 이후 비너스상들은 곧장 선사 미술의 주요 장르 가운데 하나로 자리매김하였으며, 인류 미술사의 첫머리를 당당히 장식하고 있다. 앞에서 확인한 바와 같이 그것들은 계속 발견되고 있고, 또 연구가 진행 중이다. 그에 따라 프랑스나 스페인과 같은 특정한 지역뿐만 아니라 독일, 흑해 북안의 우크라이나와 모스크바 근교, 심지어 바이칼 호수의 서북쪽 앙가라 강 지류인 벨라야Belaya 강변에 위치하는 '말타'와 '부레트' 유적에서도 같은 유형의 비너스상들이 발견되었음을 알게 되었다. 이를 통해 비너스를 만드는 일은 특정한 지역의 특별한 문화가 아니라 유라시아 대륙 후기 구석기 시대의 보편적인 문화 현상 가운데 하나라는 것을 알 수 있다.

지금까지 발견된 비너스상들을 보면 몇 가지 공통성을 띠고 있는데, 그 가운데 하나는 형상의 크기가 손에 쥐고 다닐 수 있을 정도로 작다는 것이다. 지금까지 발견된 것 가운데 가장 작은 것은 그리말디에서 출토된 '꼭두 인형'(그림 40)과 '레스퓨그의 비너스'로, 두 형상의 크기는 4.7센티미터 정도이다. 우크라이나의 가가리노에서 출토된 비너스는 5.8센티미터이며, 비너스상의 대명사라고 할 수 있는

그림 43 비너스(사비냐노)

'빌렌도르프의 비너스'(그림 3)도 11센티미터 정도이다. 지금까지 발견된 것 중에서 가장 크다고 알려진 '사비냐노의 비너스'(그림 43)도 22센티미터 정도인데, 이것도 손에 쥘 수 있을 정도의 크기라고 한다.[4] 이러한 점에서 볼 때 이 비너스상을 제작한 사람들은 처음부터 지니고 다닐 목적으로 조각상들을 제작하였던 것이라고 할 수 있다.

이처럼 작은 크기의 비너스상들을 두고, 초기의 연구자 중 한 사람인 피에트는 '지닐 미술l'art mobilier('動産美術'이라고도 씀)'이라고 불렀다. 물론 '지닐 미술'에는 비너스뿐만 아니라 동물의 뼈나 뿔, 또는 작은 돌멩이 등을 이용하여 만든 조형 예술품들도 포함된다. 참고로 피에트가 이름 붙인 '지닐 미술'이라는 말은 법률 용어에서 차용한 것이다. 법률가이기도 하였던 피에트는 이 용어를 동굴벽화나 바위그림, 바위 표면 등에 돋을새김浮彫의 방식으로 표현한 조형물에 대응시켜 사용하였다. 다시 말하자면, 동굴벽화나 바위그림 등을 마음대로 지니고 다닐 수 없는 '부동산 예술art pariétal'로 보면서, 손에 쥐고 다닐 수 있을 정도의 비너스상 등을 '지닐 미술'이라고 이름 붙였던 것이다.

그다음으로 지적할 수 있는 공통점은 이 비너스상들의 형태에 관한 것이다. 첫 번째 공통점은 머리가 없거나 얼굴 표현이 생략되어 있다는 것이다. '빌렌도르프의 비너스'를 비롯하여 앞에서 살펴본 대다수 비너스상들에서 눈·코·입 등 얼굴 모습이 표현된 것을 살피기가 어렵다. 그뿐만 아니라 '사비냐노의 비너스'(그림 43)와 같이 처음부터 머리를 뾰족하게 만든 것도 있고, 또 로주리 바스Laugerie-Basse에서 비브레이Marquis de Vibraye가 1864년에 발견한 '음란한 비너스immodest venus'(그림 44)나 브라상푸이의 '배 비너스', 그리고 코스텐키 출토의 '치레걸이를 한 비너스'(그림 45) 등과 같이 머리가 떨어져 나간 것들도 있다. 적은 수이지만 눈·코·입 등 얼굴을 세부적으로 표현한 비너스(그림 46)들도 있는데, 그것은 대부분 시베리아의 말타 유적에서 출토된 것들이다.[5]

두 번째로는 손과 발이 없거나 있어도 매우 간략하게 표현하였다는 점이다. 브라상푸이의 '배 비너스'나 '사비냐노의 비너스'(그림 43), 그리고 로주리 바스의 '음란한 비너스'(그림 44)와 같이 처음부터 팔이 없이 만들어진 것이 있

그림 44 음란한 비너스
(로주리 바스)

는가 하면 그리말디의 '꼭두 인형'(그림 40)이나 '레스퓨그의 비너스'(그림 47)처럼 몸통과 일체가 되어 있는 것도 있고, 또 '빌렌도르프의 비너스'(그림 3)와 같이 젖가슴이나 배 등 신체의 다른 부위들에 비해 간략히 표현한 것들도 있다. 그뿐만 아니라 이 비너스상들은 대부분 발이 생략되어 있다. 따라서 이 비너스상들은 비록 환조 형식으로 제작되기는 하였지만,

그림 45
치레걸이를 한 비너스(코스텐키)

그림 46
비너스(말타)

그림 47
비너스(레스퓨그)

일정한 공간을 점유하면서 세워 놓는 조형물은 아니었던 것이다. 그런 까닭에 석기 시대의 비너스상들을 오늘날의 환조와 똑같은 개념으로 보아서는 안 된다.

세 번째 특징은 여성 성징들을 특별히 강조하여 표현하였다는 점이다. 대부분의 비너스상들은 머리와 손발이 없거나 있어도 세부 특성 묘사를 생략하였으며, 나머지 일부는 간략히 표현해 놓았다. 그에 비하면 젖가슴이나 배, 엉덩이 등은 지나치리만큼 크고 뚱뚱하게, 여성의 생식기는 분명하게 표현해 놓았다. 이와 같은 형태적 특징을 가장 잘 드러내고 있는 것이 바로 '빌렌도르프의 비너스'(그림 3)이다. 이 형상의 여성적 성징을 다시 한 번 정리하면, 아래로 처진 두 개의 커다란 젖가슴과 불룩한 배, 살찐 허리와 엉덩이, 작지만 튼실한 대퇴부와 여성 생식기 등이다. 물론 비너스상 가운데는 로주리 바스의 '음란한 비너스'(그림 44)와 같이 젖가슴이 없는 경우도 있는데, 그럼에도 그것이 여성이라는 것은 삼각형의 여성 생식기로 명확히 알 수 있다.

이렇듯 석기 시대의 비너스상들은 똑같이 여성을 형상화하였지만, 그 가운데 일부는 몹시 야위고 또 젖가슴 등이 상대적으로 매우 빈약하게 표현되어 있는 것들도 있다. 그러한 비너스상들을 두고 미혼의 젊은 여성을 형상화한 것이라고 보거나 바람기가 많은 '음란한' 여성으로 보기도 하는 등 여전히 해석들이 분분하다. 한편 이 비너스상들은 보는 각도에 따라서 여성의 특징이 잘 드러나기도 하고 또 드러나지 않기도 한다. 예를 들어 '빌렌도르프의 비너스'나 '레스퓨그의 비너스'(그림 47) 등은 정면에서 볼 때 젖가슴이나 부른 배, 그리고 여성의 생식기 등의 여성성이 잘 드러난다. 그와 달리 '사비냐노의 비너스'(그림 43)나 그리말디의 '꼭두 인형'(그림 40) 등은 정면보다는 측면에서 볼 때 여성의 성징이 더 잘 드러난다.

비너스상 제작 시기와
다양한 해석

　동굴벽화나 바위그림 등과 비교할 때, 지금까지 발견된 비너스상들의 개체 수는 아직까지 그다지 많지 않다. 그동안 발견된 것들 가운데서 그리말디나 사비냐노 등지에서 출토된 것들은 정확한 문화층위가 확인되지 않았다. 그러나 빌렌도르프의 비너스나 코스텐키, 레스퓨그 등지에서 출토된 다수의 비너스상들은 대체적으로 출토 지점이 정확하게 알려졌다. 초기 연구자들은 이 가운데서 브라상푸이에서 출토된 '배 비너스'(그림 39)나 '레스퓨그의 비너스'(그림 47), 그리고 '빌렌도르프의 비너스'(그림 3) 등은 오리냐크·페리고르기에 제작된 것으로 보았다. 그리말디에서 출토된 '꼭두 인형'(그림 40)은 '페리고르 말기' 층에서 출토되었으며, '사비냐노의 비너스'(그림 43)는 페리고르기 이후의 문화층에서 출토되었다고 알려졌다. 코스텐키 출토의 비너스는 솔뤼트레기에 해당하며, 로주리 바스 출토의 '음란한 비너스'는 마들렌기의 문화층에서 출토되었다고 한다.

그러나 구석기 시대 조형 예술의 편년도 앙드레 르루아 구랑André Leroi-Gourhan(1911~1986)과 같은 선사 학자가 구상 이전 단계인 샤틀페롱에서 오리냐크(1기, 3만 5,000년 전~2만 8,000년 전), 그라베트·솔뤼트레아(2기, 2만 9,000년 전~2만 1,000년 전), 그리고 마들렌(3~4기, 1만 8,000년 전~1만 2,000년 전)기 등으로 재정리하였다. 또한 조형 예술의 양식은 1기의 '기하학적 구상' 단계, 2기의 '초보적 합성 구상' 단계, 3기의 '진화한 합성 구상' 단계, 마지막 4단계에서는 '분석적 구상' 단계를 거치면서 발전하였다고 보았다. 이와 같은 분류에 따르면 비너스상들은 그라베트기, 즉 지금으로부터 약 2만 9,000년 전부터 약 8,000여 년간의 긴 시간 동안에 제작된 것으로 보인다.

이들 석기 시대의 여성 조각상을 '비너스venus'라고 이름 붙인 이는 다름 아닌 '브라상푸이의 비너스'를 발견한 피에트였다. 그는 비너스와 같이 작은 크기의 조각품들을 '지닐 미술'이라고 이름 붙인 장본인이기도 하다. 이 비너스상들이 발견될 무렵의 유럽 학계에서는 여성의 성징이 드러나는 부위를 유난히 강조하여 표현한 이 여성 조각상들이 당시의 기준으로는 '섹시'의 대명사쯤으로 인식되었던 것은 아닐까 하고 여겼다는 것이다. 그러나 이들을 가만히 보면 일반적으로 젊은 여성들보다는 중년의 여성 또는 어머니의 모습을 보인다고 하면서 어머니 숭배를 위한 우상偶像이자 성 생활의 수호자로 보았다.

또한 의사 랄랑느의 조사에 따르면 로셀의 바위그늘은 임신과 출산을 기원하는 의례 장소였다고 한다. 이 바위그늘의 가장 깊숙한 곳에는 위에서 떨어진 것으로 추정되는 몇 개의 바위덩어리가 있는데, 그중에서도 가장 은밀하고 깊숙한 곳에 제일 큰 바위 덩어리가 있으며, 그 표면에 예의 '각배를 든 비너스'(그림 7)가 새겨져 있고, 주변보다 작은 바위에도 두 개 작은 여성 부조와 한 개의 서 있는 사람(그림 38), 그리고 암사슴 등이 새겨져 있다고 한다. 그뿐만 아니라 나머지 하나의 바위에는 황토가 칠해져 있었다고 한다. 바로 이러한 정황을 두고 초기 연구자들은 이곳이 출산과 풍요로운 번식을 기원하는 성소이고, 또 비너스상들은 그러한 공간에 사용된 우상이라고 본 것이다.

우크라이나의 돈 강변의 가가리노 유적에서는 긴 타원형의 수혈식 주거지 벽 가까운 곳에 일곱 개의 비너스상(그림 48)이 발견되었다. 이렇듯 여러 개의 비너스상들이 발견된 유적은 이 밖에도 더 있는데, 예를 들어 이탈리아의 그리말디

그림 48 비너스(가가리노)

유적에서는 15개의 비너스가 출토되었다. 시베리아의 말타 유적에서는 무려 23개의 비너스상들이 발견되었다. 여러 개의 비너스상들이 출토된 곳은 의례를 거행한 공간이었으며, 그곳에서 발견된 비너스상들은 사람과 동물의 출산력이나 풍요와 번식의 기원祈願에 그 뿌리를 두고 바쳐진 것이었다고 보았다. 이와 같은 시각은 비너스상들이 풍요와 다산을 기원하기 위해 만들어진 일종의 부적이나 우상과 같다고 본 것이다.

그 밖에도 앙드레 르루아 구랑은 이 비너스상들을 당시 조형 예술의 한 가지 양식으로 이해하고자 하였다. 그에 따르면 비너스상들은 젖가슴과 배, 그리고 허리가 원을 이루고 있고,

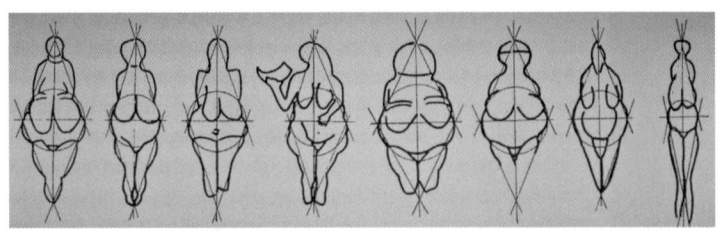

그림 49 비너스 분석(앙드레 르루아 구랑, 1985)

이에 따라 머리와 발을 꼭짓점으로 하여 마름모꼴을 이루는 구조를 띠고 있다고 하면서(그림 49), 원과 마름모꼴로 구성된 이 비너스상들의 동질성은 곧 서유럽에서 시베리아까지 넓은 지역에 일관된 그라베트 문화가 존재했음을 보여 준다고 보았다. 또한 그는 이 비너스상들을 통해서 당시 사람들의 모습을 알고자 하는 일은 피카소Pablo Ruiz Picaso(1881~1973)나 뷔페Bernard Buffet(1928~1999)의 작품으로 현대 프랑스 여성들의 모습을 알고자 하는 것과 같다고 평가하였다. 물론 구랑의 주장을 학계가 그대로 수용한 것은 아니었다. 일부 연구자들은 이 비너스상들이 당시의 뚱뚱한 여성들을 사실적으로 표현한 것이라는 주장을 계속 유지하였다.

신화학자인 조지프 캠벨Joseph Camphbell은 이러한 비너스상들이 동굴벽화와는 달리 집 자리에서 발견되었다고 하고, 이 형상들에서 특히 강조된 부분은 허리와 가슴인데, 그 부분은 여성의 반복적인 출산과 양육, 즉 신비로운 생산력을 상징하는 부분이라고 하였다. 자연이 여성에게 이러한 힘을 주었기 때문에 여성은 자연의 신비로움 그 자체의 상징과 징표가 되었으며 그리하여 여성은 인간 세계에서 최초로 숭배되기 시작했다고 하였다. 캠벨은 이 비너스상들을 최초의 조형물이자 3차원의 형상물이라고 하면서, 미술사적 의미로 말하자면 그것들은 최초의 우상idol이라고 하였다. 더 나아가 그는 얼굴이 없는 형상에 대해서 개성 대신에 본성을 드러나게 하는 매개물로 여성의 신비적 측면을 부각해 준다고 여겼고, 발이 없는 이유는 흙으로 만든 제단에 세워졌기 때문이라고 해석하였다.

한편 마리야 김부타스Marija Gimbutas는 기존의 시각과는 약간 다른 입장을 보이고 있다. 그는 후기 구석기 시대의 살찐 비너스상을 모두 임신한 여성으로 보려는 시각에 동의하지 않았다. 그는 후기 구석기 시대의 비너스상 중 특히 손을 배 위에 올려 놓고 있는 형상들, 즉 로셀의 '각배를 든 비너스'(그림 7)나 우크라이나의 코스텐키 유적, 프랑스 라마르셰 비엔에서 출토된 비너스상들과 로주리 바스 유적에서 출토된 순록 뼈 가운데 새겨진 형상(그림 34) 등이 임신한 여성이라고 보았다. 그러므로 빌렌도르프의 비너스나 레스퓨그의 비너스 등을 임신한 여성이라고 보는 것은 바르지 않다는 것이다. 그에 따르면 임신한 여성의 신체는 엉덩이가 과장되지 않았고 젖가슴도 보통의 크기였다고 한다.

마리야 김부타스의 주장에는 분명히 주목할 부분이 있다. 그 이유는 비너스상 가운데서 특히 임신한 여성의 특징을 밝혀서 그룹핑하였기 때문이다. 그러나 이 비너스상들을 주목한 연구자들이 김부타스가 그룹핑한 형상들을 모두 임신한 여성이라고 보지 않았다는 점도 간과해서는 안 된다. 대다수의 연구자들은 한결같이 이 비너스상들에서 여성의 성징이 강조되었음을 지적하였으며, 그로부터 여성의 출산력, 풍요로운 번식과 육아 등의 이미지를 이끌어 내었던 것이다. 그러면서 이와 같은 형상들에서 낳아서 길러 주는 존재로서의 어머니, 즉 모성이 모신으로 숭배되는 과정을 짚어 내고자 하였던 것이다.

신석기 시대와
그 이후의 여신상들

후기 구석기 시대의 비너스상들은 그라베트와 솔뤼트레 문화기에 유행한 이후, 즉 마들렌 말기까지 일정한 기간 동안 제작이 소강상태에 접어든 것으로 보인다. 물론 그 이유에 관해서 섣부른 속단을 하여서는 안 된다. 비너스 제작의 전통이 이후에도 변함없이 이어져 왔는지의 여부는 더 많은 고고학 조사와 연구가 필요하기 때문이다. 다만 현재의 연구 현황을 놓고 보면, 마들렌기에 제작된 것이라고 보이는 비너스상은 발견되지 않았다. 그러다가 기원전 7000년 이후가 되면 후기 구석기 시대의 비너스와는 완전히 다른 양식의 여성 소조상들이 등장하기 시작한다.

주로 앉아 있는 여성의 모습을 형상화한 것인데, 그 가운데는 브레이드우드Robert John Braidwood(1907~2003)에 의해

그림 50 **모신상**
(기원전 9000~7000, 아나톨리 문명박물관, 터키)

1947년부터 시작된 이라크 '자르모Jarmo' 프로젝트 과정에서 발견된 다수의 여성 소상(그림 50)들을 비롯하여, 테페 가우라Tepe Gawra와 이집트 등지에서 역시 무릎을 꿇고 앉은 여인의 소조상들이 출토되었다고 한다. 한편, 이들과는 조금 다르지만 아나톨리아 남쪽의 신석기 시대 주거 유적지인 차탈휘위크Catal Huyuk에서는 매우 흥미로운 여인 소상(그림 15)이 출토되었다. 이 유적은 고고학자 멜라트James Mellaart(1907~2003)에 의해서 1961~1965년 사이에 발굴 조사되었는데, 조사 과정에서 곡물 통 가운데 놓여 있던 흙으로 빚어서 불에 구운 여인 테라코타가 발견된 것이다.

이 형상(그림 15)의 생김새를 자세히 살펴보면, 여인은 사자의 머리처럼 생긴 손잡이 장식이 있는 의자에 앉아 있는데, 머리는 약간 위로 치켜들고 있으며, 눈이나 입과 귀 등은 생략되었으나 코는 전체의 중간에 표현되어 있다. 머리에 비해 두꺼운 목이 가슴과 연결되어 있고, 양 어깨와 팔꿈치 윗부분의 팔은 몹시 살찐 모습이다. 가슴에는 젖가슴이 분명하게 표현되어 있고, 배는 아래로 약간 처져 있으며, 그 아래에 골반부가 감춰져 있다. 대퇴부를 포함하여 다리는 매우 뚱뚱하게 살찐 모습인데, 그에 따라 무릎이 다리 살 속에 묻힌 듯 표현되어 있다. 발은 상대적으로 왜소하게 표현되어 있다. 비록 작기는 하지만 발이 표현되어 있다는 점이 후기 구석기 시대의 비너스상들과 다른 점이다. 또 한 가지 특이한 점은 아이를 낳는 장면을 형상화하였다는 것이다.

이 장면을 두고 신화학자 캠벨은 "왕좌에 앉아서 출산 중인 여신"이라고 하면서, 이 여신은 팔과 다리를 위로 들어 올리고 있으며, 신전 기둥의 꼭대기에 장식된 것과 같은 '황소 머리'이자 '황소 달moon bull'의 상징적인 형태를 출산하는 것이라고 하였다. 마리야 김부타스도 이 형상이 발견된 곳이 차탈휘위크 레벨 2지점인데, 이와 같은 곳은 산실産室이자 실제로 출산 의례가 거행되는 자리라고 하였다. 또한 그녀는 '출산 의자'에 앉아서 아이를 낳고 있는데, 실제로 그녀의 엄청나게 굵은 허벅지 사이에서 아이가 기어 나오고 있다고 하였다. 그와 더불어 이 형상이 발견된 장소는 알곡들이 널려 있는 곳이라고 하면서, 이와 유사한 형상이 루마니아의 '버다스트라Vădastra'에서도 출토되었음을 덧붙였다. 바로 이런 모습 때문에 이 형상을 '지모신Mother Goddess, 地母神'으로 부르는 것이다.

기원전 4000년경에 이르면, 중앙아시아의 농경민 주거지 테페Tepe[6]에서 채문토기와 함께 흙으로 빚어서 만든 여성 소조상들이 출토되었다. 또한 지금까지 출토된 이 소조상들을 보면, 흙으로 빚어서 한 번 사용하여 버린 것과 정성껏 빚어서 불에 구운 테라코타 등 두 가지가 있는데, 이 가운데서도 테라코타로 만든 여성상들은 계속적으로 사용한 것으로 보인다. 초기의 것은 많지 않으나 서 있는 모습이지만, 발전기의 것은 앉아 있는 모습으로 변하였으며, 그 생김새는 젖가슴과 허리, 엉덩이 부위가 강조되어 있다. 대표적인 예로 투르크메니스탄의 서북쪽 얄랑가치 데페Yalangach Depe에서 출토된 여성 소상(그림 17)을 들 수 있는데, 이 형상의 크기는 26.5센티미터이고, 대퇴부에 15개의 동그라미가 물감으로 그려져 있다.

이후 청동기 시대가 되면서 알틴 테페Altyn Tepe와 나마즈가 테페Namazga tepe 등지에서는 얄랑가치 데페와 유사하지만 훨씬 추상적이며 기괴하기까지 한 여성 조상이 출토되었다. 생김새는 눈을 강조한 얼굴과 긴 목, 가슴에는 도식적인 젖가슴이 붙어 있었고, 또 허리 아래는 꿀벌의 꼬리모양을 하고 있었다(그림 51). 또한 나마즈가 4와 5지점Kellei

Oasis(첫 번째 단계)에서는 바이올린 모양의 여성 조각상(그림 52)이 발견되었다. 한편 마송Vadim Mikhailovich Masson(1920~2010)은 1986년에 알틴 테페의 남동쪽에 위치한 일긴리 테페Ilgynly Tepe에서 석회암으로 만든 크기 16~40센티미터 사이의 여성 조각상 7개를 발견하였다.

이와 같이 여성을 조소의 형식으로 형상화하는 전통은 구석기 시대부터 초기 철기 시대를 거쳐 오늘날에 이어져 왔는데, 한국 울산 신암리에서도 같은 유형의 여인상(그림 53)이 출토되었다. 그것은 1974년 8월 울산광역시 서생면 신암리 소재 서생초등학교 교정을 조사하는 과정에서 출토되었다. 이 여인상의 크기는 높이 3.6센티미터 정도이며, 머리와 팔, 다리까지 떨어져서 훼손된 상태이지만, 남아 있는 젖가슴과 골반부가 여성을 형상화한 것임을 말해 주고 있다.

이 형상이 발견된 층위는 신석기 시대 중기에 해당한다고 한다. 신암리의 여인상은 형태로 볼 때 이라크 자르모에서 출

그림 51 꿀벌형 비너스

그림 52 바이올린형 비너스

토된 여인상과 투르크메니스탄 얄랑가치 데페 등지에서 출토된 여성 토르소의 중간 단계에 해당되는 것으로 여겨진다.

이렇듯 여성을 모티프로 한 조소상들을 검토해 보았는데, 그 전통은 후기 구석기 시대 중에서도 오리냐크와 그라베트기에서 시작되어 신석기와 청동기 시대를 거치면서 각 시대별로 특색이 있는 양식을 창출하면서 제작되어 왔다.

시대가 바뀜에 따라서 여성의 성징을 특별히 강조하여 육감적이던 초기의 비너스상들은 점차 단순화되고 유니크하게 변하여 마침내 바이올린 모양으로 바뀌는 과정을 확인할 수 있었다. 이렇듯 형태상으로 큰 변화가 있었지만, 그럼에도 변하지 않은 것은 여성의 신체적 특징 및 성징에 대한 표현이었다. 사르데냐에서 출토된 '키클라테스 여인상'(그림 18)과 같이 극단적으로 추상화된 여성 조각상이나 그보다 늦은 시

그림 53 여인상(신암리, 울산, 국립중앙박물관)

기의 '바이올린형 여인상'(그림 52)에서도 여성의 성징인 생식기는 삼각형으로 분명히 표현되어 있다.

3장

조형 예술 속 얼굴-가면

선사 시대의 불가사의한 거장들

후기 구석기 시대의 인류가 남긴 조형 예술들은 어떤 장르건 간에 오늘의 우리들을 감복시킬 만큼 빼어난 조형성을 지니고 있다. 동굴벽화, 바위그림 또는 흙으로 빚은 소조 작품, 또 뼈나 돌멩이를 깎아서 만든 조각 작품이라 해도 선사 미술의 갤러리 속으로 들어간다면, 누구라도 그 속에서 만나는 형상들 하나하나가 뿜어내는 완결성과 살아 움직일 듯한 생동감을 느끼게 되고 그것들이 그려진 공간과의 절묘한 조화에 스스로의 눈을 의심하게 될 것이다.

그림 54 말떼(쇼베 동굴)

그림 55 수소의 방(라스코 동굴)

쇼베 동굴The Chauvet Cave 속의 말 그림(그림 54)이나 코뿔소, 레 트루아 프레르 동굴 속의 기괴하면서도 특이한 포즈의 몇몇 하이브리드 형상(그림 36)들, 그리고 라스코 동굴 '수소의 방' 속에 그려진 소와 말들의 대 파노라마

그림 56 순록 떼(스타라야 잘라브루가)

그림 57 샤먼과 십자가(베소프 노스)

그림 58
백조(베소프 노스)

(그림 55) 등을 마주하게 되면, 감탄과 찬사를 넘어 이루 형언할 수 없는 감동에 숙연해질 것이다. 물론 그러한 감동은 알타미라 동굴 속의 들소 형상(그림 5)을 통해서도 똑같이 느낄 수 있다. 그러한 감동은 오늘날의 어떤 대가들도 흉내 낼 수 없는 특출한 관찰력을 기반으로 하고, 거기에 더해 빼어난 형태 해석과 기발한 상상력과 섬세한 묘사력, 그리고 공간 해석에 대한 탁월함까지 고루 갖춘 선사 시대 거장이 그 속에 혼

그림 59 기린(타실리나제르)

을 담았기 때문이다.

 보는 사람의 넋을 잃게 만드는 것은 바위그림도 마찬가지이다. 대표적인 바위그림은 러시아 서북부 카렐리야 주 소재 스타라야 잘라브루가Staraya Zalaburga 암각화 속에 그려진 거대한 스케일의 순록 떼 이동 장면(그림 56)이나, 아네가Onego 호숫가의 베소프 노스Vesov Nos 암각화 속 샤먼(그림 57)과 백

그림 60 정령(안방방, 오스트레일리아)

조(그림 58), 아프리카 사하라 사막의 타실리나제르Tassili-n-Ajjer 암각화 속 실물대의 기린(그림 59), 오스트레일리아의 노던 테리터리 주 카카두 국립공원 내의 안방방Anbangbang 바위그림 속의 정령(그림 60), 몽골 서북부 지역 오브스 아이막 후렝 우주르 하단 올Khuren Uzur Khadan Uul 암각화 속의 사슴(그림 61), 중국 광서 화산花山 바위그림 속 집단 춤(그림 62)이나, 닝샤후이족자치구의 허란산賀蘭山 암각화(그림 63)와 내몽골 우하이烏海 시의 줘쯔산卓子山 암각화 속 얼굴 그림들(그림 64), 그리고 한국 울산 대곡리 암각화 속의 고래 형상들(그림 65)이나 포경 장면(그림 66) 등이다.

그뿐만 아니라 석기 시대의 미술가들이 뼈나 뿔을 조각하여 만든 동물 형상들이나(그림 67) 뼈 등에 새긴 선 그림(그림 68) 등을 보면 '획' 하고 눈앞을 스쳐 지나가는 동물들의 순

그림 61 사슴(후렝우주르 하단 올, 몽골)

간적인 움직임을 예리하게 포착하고 정교하게 형상화해 내는 지각 능력과 기억력, 묘사 능력에 감탄하지 않을 수 없다. 더욱이 그들에게는 오늘날과 같은 카메라도 없었고, 순간 포착을 한 동물 사진도 없었으며, 물감과 붓, 팔레트 따위도 없었다. 또한 나무나 뼈 따위를 깎는 데 쓸 쇠붙이로 된 칼조차도 없었다. 그럼에도 불구하고 당시에 만들어진 하나하나의 조형 예술품들을 대하면, 그것들로부터 뿜어져 나오는 쉽게 범접할 수 없는 아우라aura와 전율을 느낌과 동시에 세계를 직관할 줄 알았던 대가들과 그들이 추구하고 구현한 궁극의 미가 무엇인지 새삼스럽게 인식하게 되고 자연스럽게 겸손해진다.

그림 62
군무(화산, 광시좡족자치구)

그림 63
허란산 암각화
(닝샤후이족자치구)

그림 64
쥐쯔산 암각화
(우하이 시)

그림 65
고래(대곡리, 울산)

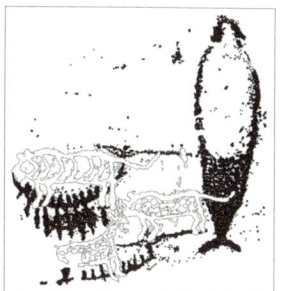

그림 66 포경 장면(대곡리, 울산)

그림 67 소(막달렌 동굴)

그림 68 순록과 연어(로드)

가장 오래된
사람 형상

　석기 시대의 화가들이 조형 예술품에 대해서는 탁월한 능력을 지녔음에도 그들의 자화상과 초상을 그리고 만드는 일에 대해서는 뜻밖에도 인색하였다는 점은 흥미롭다. 지금까지 수많은 동굴벽화와 바위그림 그리고 지닐 미술품들이 발견되었는데, 그 가운데서 눈·코·입과 귀 등이 묘사된 초상화나 조각은 손으로 꼽을 정도로 적다. 앞에서도 살펴본 '브라상푸이의 아가씨'(그림 41)를 초상 조각이라고 보는 이도 있다. 이 형상을 '두건 쓴 아가씨 la dame à la capuche'라고도 부르는데, 앞머리 부분의 사각형 격자무늬를 두건이라고 보고 붙인 별명이다. 이 조각상은 매머드의 이빨을 깎아서 만들었는데, 옆과 뒷머리를 갈래 내고 땋아서 묶은 모양의 표현하는 등 비교적 정성껏 표현한 머리카락 부분(그림 69)에 비해,

눈이나 입의 윤곽 처리에는 여전히 인색하였다고 할 수밖에 없다.

또 다른 석기 시대 인류의 얼굴 조각은 체코의 돌니 베스토니체Dolni Vestonice에서 출토된 '비너스 15Venus 15'(그림 70)이다. 이것은 고고학자 압솔론Karel Absolon이 1937년에 발견한 것인데, 매머드의 상아를 깎아서 만든 것으로 크기는 높이 15.5센티미터이다. 한때는 이 조각상을 '브라상푸이 아가씨'와 쌍을 이루는 남성의 초상이라고 생각했고, '선사 시대의 레오나르도 다 빈치'라고 부르면서 사냥꾼과는 다른 감성적인 일을 하는 사람일 것으로 추측하기도 하였다. 지금까지 발굴된 것 중에 온전한 두상에 머리카락까지 갖춘 조각상은 이 두 개이며, 이로써 당시 사람들이 남긴 스스로의 외모를 조금이나마 엿볼 수 있다. 이 유적에서는 '돌니 베스토니체의 마스크Dolni Vestoniche Mask'(그

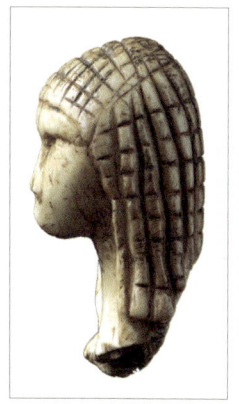

그림 69
브라상푸이의 아가씨 옆모습

그림 70
비너스 15(돌니 베스토니체)

그림 71 마스크(돌니 베스토니체)

림 71)도 출토되었는데, 눈·코·입을 꾹꾹 눌러서 만든 다음 구워낸 것으로 보인다.

그런데 두 얼굴 조각의 생김새를 가만히 뜯어보면, 특이한 점을 발견할 수 있다. 그것은 상아나 뿔 혹은 동물의 뼈, 돌멩이(그림 72) 등에 형상화한 선 그림이나 조각, 흙으로 빚은 동물 소상 등에 비해 두 개의 얼굴은 '특정한 누구'의 모습이 아니라 '관념적인 사람'을 형상화하였다는 점이다.

주변의 친구나 애인 등 특정 인물의 얼굴이 아니고 눈·코·입의 위치와 형태만 가늠할 수 있을 정도로 관념적으로 표현되어 있다. 두 개의 얼굴 조각에서 눈·코·입의 정확한 위치와 윤곽은 무시되어 있으며, 그것이 사람을 이미지화한

그림 72 곰(콜롬비에르)

것임을 알게 해 주는 정도에 머물러 있다. 이러한 점에서 두 형상은 오히려 신비로우며, 바로 그 지점이 엉뚱하게도 레오나르도 다 빈치가 활용한 '스푸마토Sfumato'의 고형에 관해 생각하게 한다.

후기 구석기 시대의
얼굴 형상

 그렇다면 당시 조각가들은 왜 그렇게 사람의 눈·코·입을 표현하는 데 인색했던 것일까? 두 조각상을 살펴보면, 우선 '브라상푸이의 아가씨'(그림 41, 69)는 이마에서 눈 부위의 들어간 상태와 앞으로 돌출된 코 부분 이외에는 세부 묘사가 생략되었다. 암시적으로 눈이 있고 입이 있음을 나타내었을 뿐 더 이상의 표현은 이루어져 있지 않다. 그에 비하면 머리카락은 적지 않은 시간을 들여 꽤 정성껏 표현하였다. 더욱이 옆 머리카락을 보면, 마치 '드래드록dreadlocks'[7]이나 '레게raggae 머리'처럼 보인다. 실제로 '로주리 바스'에서 출토된 뼈에 새겨진 사람 형상(그림 34-1)의 머리카락도 역시 '레게 머리' 모양이다. 이런 점에서 앞에서 살펴보았던 '빌렌도르프의 비너스'의 머리카락 표현도 다시 떠올릴 필요가 있다.

한편 돌니 베스토니체에서 출토된 '비너스 15'는 얼굴이 비대칭showing asymmetry형이며 한쪽 눈은 일그러져 있고 입은 비뚤어지게 그려져 있다. 바로 이런 점 때문에 이 형상의 주인공이 뇌졸중으로 근육 마비가 온 것 같다고 보기도 하였다. 그러나 형상의 주인공이 뇌졸중을 앓았는지에 대해서는 앞으로 더 많은 사례와 과학적 분석이 필요할 것이다.

그리고 만약 뇌졸중을 앓던 환자를 형상화한 것이라고 하더라도, 그 세부적인 디테일은 여전히 무시되어 있다. 이 형상에서 눈은 고의로 초점 없이 짓이겨 놓은 듯 표현하였고, 입은 무심하게 그은 선으로 처리하였다. 같은 돌니 베스토니체에서 출토된 '돌니 베스토니체의 비너스'(그림 9)를 비교해서 살펴보면 이 형상은 비너스 가운데서는 드물게 눈이 표현되어 있는데, 그 또한 두 개의 짧은 사선을 그어 꼬리가 아래로 처진 눈으로 표현하였다.

앞에서 검토하였던 비너스상들을 떠올려 보자. 만약 후기 구석기 시대의 인류가 당시에 사람의 얼굴을 형상화하는 일에 매력을 느끼지 못했던 게 아니라면 그 일을 특별히 경계하며 금기하였던 것은 아니었을까 하는 의구심을 품게 한다. 그러한 이유가 아니라면 사람의 얼굴을 형상화한 그림이나 조각들을 오늘날 제대로 발견하지 못했다는 건 설명되지 않는다. 지금까지 확인된 유적과 유물 그리고 형상들의 개체 수를 놓고 볼 때, 그 양이 결코 적다고 할 수는 없다. 그런 점을 전제할 때 분명히 사람의 얼굴을 나타낸 벽화와 소조 작품은 거의 만들어지지 않았다고 할 수 있다.

동물로 가장한 사람들

그렇다면 같은 시기에 그려진 동굴벽화 속에는 사람들이 어떻게 표현되어 있는지도 살펴볼 필요가 있다. 그런데 유감스럽게도 구석기 시대의 동굴이 집중적으로 분포하고 있는 프랑코-칸타브리아 지역의 저명한 동굴벽화들 가운데서도 얼굴이 적나라하게 표현된 사람 형상들을 찾아보기가 어렵다. 또한 남부 우랄의 카포바야Kapovaya나 몽골의 호이트 쳉헤르Khoit Tsenkher 등의 동굴벽화 속에서도 온전하게 그려진 사람 형상을 살필 수는 없다. 그러므로 이러한 점 또한 불가사의한 특징이다. 그러나 후기 구석기 시대 동굴벽화 가운데는 비록 온전하지는 않지만, 사람이라고 여길 수 있는 '유사 사람 형상anthropomorphic, антропоморф'[8]들이 적지 않게 발견되었다.

너무나 잘 알려진 라스코 동굴의 제일 깊은 곳에는 '우물shaft'이라 불리는 또 하나의 수직 지하 동굴이 있는데, 제일 밑바닥에는 매우 흥미로운 그림(그림 37)이 그려져 있다. 내장이 튀어나온 들소와 새 머리의 사람 형상, 막대 위에 앉아 있는 새, 코뿔소 등의 형상이다. 그 밖에도 들소의 몸통에는 창이 비스듬히 그려져 있으며, 바닥에는 가지가 있는 나무 막대 등도 보인다. 그중 가장 주목을 끄는 것이 바로 '새 머리의 사람 형상'이다. 이 형상의 전체적인 신체 구조는 사람이지만, 머리를 보면 입 대신에 앞으로 튀어나온 새의 부리가 달려 있다. 또 한 가지 눈길을 끄는 것은 양손의 손가락이 모두 네 개씩이라는 점이다.

이렇듯 사람의 몸통 또는 다리가 동물의 머리와 서로 결합되어 있는 형상, 즉 '하이브리드 형상'들은 그동안 헤아릴 수 없이 발견되었다. 알타미라 동굴 속에는 '새 모양'의 하이브리드 형상(그림 73)이 발견되었고, 가비유 동굴에서는 '소머리'를 한 하이브리드 형상(그림 74)이 발견되었다. 이탈리아의 시칠리아에 있는 델라다우라 동굴 속에는 '새 머리를 한 하이브리드 형상들'(그림 35)이 집단적으로 춤을 추며 의례를 거행하는 모습이 그려져 있다. 페슈 메를La grotte de Pech-Merle 동굴 속의 '그림 문자의 방'에도 새 머리의 여인이 그려져 있다고 한다. 그러나 누가 뭐라고 하더라도 하이브리드 형

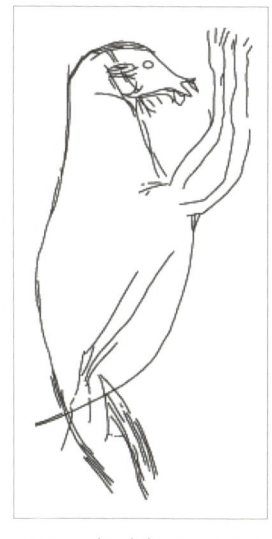 

그림 73 반수반인(알타미라 동굴)   그림 74 반수인(가비유 동굴)

상의 보고寶庫는 프랑스의 아리에 주에 있는 '레 트루아 프레르Les Trois-Freres 동굴'이다.

레 트루아 프레르 동굴은 1912년에 발견되었는데, 그 동굴 속에는 마치 신화 속의 '미노타우로스Minotauros'와 같이 상체와 몸통은 들소이고, 다리가 사람인 하이브리드 형상 두 개(그림 75, 76)와 함께 세상에는 버금갈 만한 예가 없다고 할 수 있을 정도로 특이한 모습의 하이브리드 형상(그림 36)이 그려져 있다. 그 모습은 사슴의 뿔이 달린 머리에 부엉이 눈과 늑대의 귀, 초식동물의 몸통, 곰의 앞발과 말의 꼬리에 동물의

그림 75 반수인과 환상의 동물(레 트루아 프레르 동굴) 그림 76 반수인
(레 트루아 프레르 동굴)

고환 등이 서로 결합된 것이다. 이 형상은 무릎을 구부리고 엉거주춤하게 서 있는 모습인데, 다리는 사람의 형상이다. 이 형상은 접근하기 어려운 높은 곳에 다른 것들보다 훨씬 더 크게(75센티미터) 그려져 있는데, 마치 다른 동물들 위에 군림하는 듯한 모습을 취하고 있다. 특별히 이 형상에서 특이한 점은 부엉이 눈을 커다랗게 표현하였다는 점과 그것이 무언가를 응시하는 듯한 모습을 하고 있다는 점이다.

한편, 우랄의 카포바야 동굴벽화 속에는 몸통과 다리는 동물이지만 얼굴이 사람인 하이브리드 형상(그림 77) 하나가 그려져 있다. 이 형상은 붉은 물감으로 그려졌으며 왼쪽으로 향하고 있지만 고개는 약간 뒤로 돌려 무언가를 보는 듯한 동작을 취하고 있다. 그러나 이 형상 역시 얼굴의 세부 묘사는 살피기 어렵다. 그래서 형상의 머리가 과연 사람의 것인가에 대

그림 77 반수인(카포바야 동굴)

해 의심할 수 있다. 일반적으로 이 형상이 동물이라고 한다면, 두 개의 솟았거나 비교적 긴 귀에 뿔이 나 있어야 마땅하다. 그런데 이 형상에서는 동물의 표징을 살필 수 없고, 또 조사보고서 속의 도면 등을 참고할 때 사람의 머리로 보는 것이 바르다. 이와 같은 유형의 형상을 '켄타우로스'형이라 부를 수 있다. 비록 시대는 다르지만 고구려 시대 덕흥리 고분벽화 속의 '성성이猩猩之象'(그림 78)도 같은 유형이다.

이처럼 동굴벽화 속에는 사람과 동물이 결합된 하이브리드 형상이 적지 않게 확인되고 있다. 이들은 주로 머리 부분이 새나 소 등 동물의 모습을 하고 있는데, 이런 점 때문에 선

그림 78 성성이(덕흥리)

사 시대를 연구하는 고고학자나 미술사학자들은 이 형상을 동물로 가장假將한 샤먼이나 주술사로 보고 있다. 이와 같은 형상들을 사람이 새나 소의 가면을 썼거나 혹은 동물의 가죽을 뒤집어쓴 모습이라고 본 것이다. 실제로 이를 증명해 주는 예로 비트센N.C.Witsen이 17세기 말에 시베리아의 퉁구스족 샤먼의 의례를 보고 남긴 그림(그림 79)을 들 수 있는데, 이 형상은 레 트루아 프레르 동굴 속 주술사(그림 36)와 기본적으로 같은 구조라고 할 수 있다. 이 형상들은 비록 서로 다른 종의 동물과 사람을 결합시킨 것이지만 형태감은 어느 한 곳 흠잡을 데 없다.

그림 79 샤먼(퉁구스, 비트센, 1705)

 동굴벽화 속 사람 형상에서도 얼굴이 온전하게 표현된 것을 살필 수 없다. 그러므로 선사 시대의 미술가들은 자화상은 물론이고 동료나 이웃의 초상을 남기는 일을 특별히 금기시하였던 것이라고 조심스럽게 추정해 볼 수 있다. 이러한 점은 비단 동굴벽화뿐만 아니라 동물의 뼈나 뿔에 새겨서 그린 '안트로포모르프'(그림 80) 가운데서도 확인된다. 특히 구석기 시대의 그림들 가운데는 머리가 없는 사람 형상도 적지 않게 확인된다. 예를 들어 '콩바렐'이나 '페슈 메를' 등 여러 동굴 속에서 머리가 없는 여성 형상(그림 33)들을 살필 수 있다. 그와 더불어 같은 시대 혹은 보다 늦은 시기에 제작된 바위그림 가운데서도 동물의 머리에 사람의 다리가 결합된 하이브리드 형상들이 무수히 관찰되는 점 또한 지적할 수 있다.

그림 80 **안트로포모르프**(뼈)

실제 얼굴 표현에 대한 두려움

여러 얼굴 형상과 동굴벽화를 통해 석기 시대의 화가들이 얼굴 표현에 얼마나 인색하였는지 살펴보았다. 따라서 당시의 인류가 얼굴에 대해 특별한 믿음과 함께 금기를 지니고 있었을 것이라는 추정은 이제 합리적인 생각이라 할 수 있다. 선사 시대의 인류는 그림 그리는 일이 또 하나의 생명을 창조하는 것과 같다고 믿었고, 그래서 그와 같은 능력이 있는 사람을 두려워하였다는 이야기나 아프리카 원주민 사회에서 들소 그림을 그린 이후 소떼가 사라졌다는 이야기, 사냥감을 그려서 먼저 모의사냥을 한 후 사냥에 나섰다는 이야기, 그려진 동물에 총을 쏜 흔적이 남아 있었다는 이야기, 기독교 선교사들이 선교 활동을 하면서 토착민들이 믿는 신상(주로 샤먼 형상) 위에 십자가를 그려 놓은 이야기(그림57) 및 그와 관련한 다양한 사례 등은 비록 그림일지라도 그와 같은 형상에 생명이 깃들어 있다는 인식과 믿음을 잘 증명해 준다.

물론 이에 대해 회의적인 시각이 없는 것은 아니지만, 그럴수록 이야기들은 새로운 에피소드와 유사한 사례들을 추가하면서 미스터리하게도 점점 큰 힘을 갖게 된다. 그리하여 어느 순간에 특정한 토착 사회의 정신문화를 통제하는 흔들리지 않는 금기로 자리 잡게 되고, 마침내 그에 관련한 여러 가지 의구심을 제압하면서 마치 오래된 불문율처럼 모두가 따르지 않으면 안 될 듯한 무시무시한 괴물의 모습을 갖추게 된다. 그림 속의 형상들도 그러한 인식이 있었기 때문에 문명의 여명기를 개척한 인류는 눈동자가 있는 사람을 형상화하는 일에 주저했는지도 모른다. 만약에 눈·코·입이 있는 사람을 그리면, 그것들이 금방이라도 살아나 벽에서 튀어나올 것이라는 두려움과 불길한 믿음이 컸을 수도 있다는 것이다. 마치 장승요張僧繇의 '화룡점정畵龍點睛' 고사와 같은 일이 일어날 수 있다는 두려움이 작용하였다는 말이다.

그러한 두려움을 미술사가 곰브리치Ernst Hans Gombrich(1909~2001)는 '가이 포커스 데이Guy Fawkes Day'와 결부시켜서 설명하고 있는데, 그는 그러한 심성이 사진 속 사랑하는 사람의 눈을 바늘로 찌르지 못하는 일과 같은 것이라고 보았다. 그런데 역설적이게도 저주하여야 할 대상을 형상화한

그림 81 이미지 살해
(레우토바 M.A, 아프라시압, 우즈베키스탄)
눈과 목을 날카로운 도구로 그어서 분명하게 훼손하였다.

다음, 그것의 가슴과 눈을 찌르고 또 짓이기면서 실제로 사람이 고통을 느끼도록 하는 일에 형상들이 악용되기도 하였다. 초상화와 조각을 일종의 '저주의 마술'에 악용하는 것인데, 그런 '이미지 살해'의 예는 이루 헤아릴 수 없이 많고, 또 오늘날 우리 생활 주변에서도 쉽게 관찰할 수 있다. 물론 그러한 행위의 밑바닥에는 인형이나 초상화, 사진 등을 한낱 헝겊이나 종이, 지푸라기와 같은 물질로만 생각하지 않는다는 인식이 깔려 있다. 우리는 아직도 여전히 사랑하는 사람의 사진을 소중히 생각하며 훼손되지 않도록 잘 보관한다. 또한 그 반대로 그 사진이 적이나 저주 대상인 경우에는 서슴없이 훼손하기도 한다(그림 81).

바로 이와 같은 이유 때문에 석기 시대의 인류는 특별히 자신과 닮은 형상을 만들거나 그리는 일을 극도로 삼갔을 가능성을 배제할 수 없다. 한편으로는 자신과 똑같은 초상화나 조각 속에도 자신의 몸속에 깃들어 있는 영과 똑같은 혼령이 깃든다는 믿음 때문에 두려움이 앞섰을 것이고, 다른 한편으로는 자신의 영이 깃든 형상을 적이나 혹은 제삼자가 해코지할 때 받을 고통을 감내하기가 어렵다는 인식이 작용했기 때문일 것이다. 아무튼 사람의 온전한 얼굴은 후기 구석기 시대는 물론이고 중석기와 신석기 시대의 여성 토르소나 흙으로 빚어서 만든 각종 소상 가운데서 살피기가 어렵다. '브라상푸이의 아가씨'(그림 41)나 돌니 베스토니체에서 출토된 '비너스 15'(그림 70)와 같이 특정한 누군가가 아니라 대체로 관념적인 '사람'의 얼굴(그림 71)이 제작되었던 것이다. 또 다른 방법으로는 야생들소나 새 등 실제 모습 대신 감추어진 형상들만 그려 놓았던 것은 아닐까 추측하는 것이다.

정령의
이미지들

 석기 시대부터 인류는 그들의 진정한 모습을 동물 또는 새 모양의 가면 속에 감추고, 사냥과 가정생활, 각종 의례 등에 참여하였다. 동물로 가장하여 사냥을 하였고(그림 82), 가면을 쓰고 의식의 춤을 추고 또 기도하였으며(그림 35), 심지어는 사랑의 순간에도 동물의 탈을 벗지 않았다(그림 83). 그러므로 가면은 선사 시대 인류의 해방구였다고 할 수 있다. 가면을 쓰면 두렵지도 부끄럽지도 않았으며, 심지어는 신들의 세계로 더 가까이 나갈 수 있었던 듯 보인다(그림 84). 그리고 가면을 쓴 순간, 내면에 웅크리고 있는 동물적 본능을 가장 적극적으로 표출시켰던 것 같다. 이렇듯 인류는 벽화나 조소 등 조형 예술을 창작하기 시작한 시점부터 오랜 기간 동안 진정한 의미에서 자화상과 초상화를 그리는 일을 극도로 금기

그림 82
동물 가장을 한 사냥꾼
(카자흐스탄)

그림 83
성교(리비아 타드라르트아카쿠스 틴랄란, E. 아나티, 2008)

시하였다. 문명사회 속에 살고 있다고 믿는 우리의 의식 깊은 곳에는 여전히 석기 시대와 같은 금기의 그림자殘影가 짙게 드리워져 있다.

역설적이게도 당시 인류는 금기로 인해 '얼굴-가면'을 적극적으로 만들어서 활용하였다. 그 증거들이 바로 동굴벽화나 바위그림 속에 표현되어 있는 하이브리드 형상들이다. 선사 시대 인류가 가면을 쓰고 철저히 자신의 진정한 모습을 감추었던 것과 비너스상의 얼굴에 눈·코·입 등을 그리지 않았던 이유는 같은 맥락 속에서 살피면 이해가 된다. 결국 선사

그림 84-1 성소(탐갈르이)
탐갈르이 암각화 유적 중 가장 신성한 곳은 이 산의 제일 꼭대기에 있으며, 이곳에는 모두 일곱 개의 태양신상이 크게 그려져 있다.

시대의 인류가 스스로의 얼굴을 표현한 방법은 동굴벽화 속의 예와 같이 가면을 쓴 모습이었거나 아니면 비너스상의 예처럼 공백으로 남겨 두는 정도였다. 그리고 특정인을 나타낼 때는 머리카락의 모양(그림 69), 가면(그림 36, 74, 75), 목걸이와 같은 치레걸이(그림

그림 84-2 성소(탐갈르이)

45), 그리고 문신(그림 34) 따위의 표식으로 하였던 것은 아니었을지 추정해 볼 수 있다.

사람들이 둘러쓰고 있던 얼굴-가면은 중석기 시대를 거치면서 신체에서 점차 분리되어 독립적으로 표현되기 시작하였다. 그리고 그 가면의 역할도 분화되었는데, 하나는 온갖 정령들을 포함한 신상으로 표현된 것이고, 다른 하나는 변함없이 얼굴-가면의 역할을 하는 것이었다. 그렇다고 하여 오리냐크기, 즉 미술의 시원기부터 즐겨 그려지던 하이브리드 형상 제작의 전통이 완전히 소멸된 것은 아니다. 그것은 여전히 전통을 고수하며 표현되었고, 심지어는 그것들과 관련된 더 많은 새로운 에피소드가 결합되면서 또 다른 신화의 세계를 구축하기에 이르렀다. 민간 신앙을 비롯한 인류의 기층문화 속에는 그것들의 무수한 변형이 잠재해 있고, 때에 따라서는 우리를 과거의 어느 시점과 이어 주는 연결고리 역할을 하기도 한다.

초상화나 초상 조각은 아니

그림 85 **얼굴**
(점말용굴 출토, 손보기)

그림 86 정령(콩바렐)

지만, 얼굴 – 가면 또는 신상은 '돌니 베스토니체'(그림 71)를 비롯하여 주거 유적에서도 출토되었고, 동굴 속 깊은 곳에도 그려져 있었다. 그와 같은 형상들은 한결같이 개념화된 얼굴 모습을 보여주고 있는데, 대부분 눈을 동그라미로 그리고, 경우에 따라서는 코와 입도 짧은 선으로 간결하게 그어서 처리하였다. 또한 돌멩이나 조가비, 뼛조각 등에도 얼굴을 표현한 예가 확인되는데, 그것들 대부분은 주어진 재료의 생김새를 적절히 이용하였으며 눈·코·입의 표현 역시 최소화하였다(그림 85). 이 가운데서도 동굴 속이나 바위그늘 등지에 그려진 얼굴 형상들은 바위의 정령이거나 혹은 해당 지역 주민들

그림 87 정령(알타미라 동굴)

의 토착 신앙과 결부된 각종 신들의 모습이라고 할 수 있다.

레 트루아 프레르나 콩바렐 동굴 등의 가장 깊숙한 곳, 그중에서도 접근하기가 까다로운 회랑 속에는 눈을 둥글게 표현한 정령(그림 86)이 그려져 있다. 알타미라 동굴의 가장 깊숙한 곳에도 바위의 생김새에 맞게 불규칙한 타원형의 동그라미를 그려 그 속에 깃들어 있다고 믿은 정령의 이미지를 형상화하였는데(그림 87), 주로 두 개의 눈을 둥글게 그려서 특별한 존재임을 형상화하고 있다.

라 로쉬 꼬따 동굴 입구의 '정령' 형상(그림 88)도 같은 범주에 든다고 할 수 있다. 그러나 이와 같은 형상들을 사람의 얼굴이라고 보기는 어려운데, 그 이유는 크기와 생김새 등 몇

그림 88 정령(라 꼬쉬 꼬따)

가지 면에서 사람과는 부합하지 않기 때문이다. 그것은 바위의 생긴 모양 가운데서 감지해 낸 신령한 존재들의 의인화된 표현이며, 이와 같은 형상들을 통칭하여 신상神像이라고 부른다.

바위에 그려진 신상들

신상이 가장 많이 표현되어 있는 곳이 바로 바위이다. 주로 암각화의 형식인데, 유라시아 대륙의 몇몇 암각화 유적 중에는 특별히 많이 그려져 있다. 예를 들면, 아무르 강변의 시카치 알랸Sikach Alyan이나 중국 닝샤후이족자치구의 허란산賀蘭山, 네이멍구 우하이烏海의 줘쯔산卓子山 등의 암각화 유적들이다. 이 유적들에는 '신상'과 더불어 '얼굴-가면' 형상들이 무수히 그려져 있다. 그런데 신상의 기본 구조는 얼굴과 대동소이하지만 사람과 구별되는 특별한 '무언가'를 추가하였다. 그것은 일반적으로 태양의 빛살이나 불꽃 무늬, 안테나, 동물의 뿔, 제3의 눈 등이다.

우선 시카치 알랸 유적의 경우는 아무르 강변의 모래펄 가운데 흩어져 있는 바위에 수많은 얼굴-가면 형상들이 새겨져 있다. 이 가운데 일부 바위는 강물의 범람으로 위치가 바뀌고 또 아래위가 뒤바뀌기도 하여, 몇몇 형상들은 거꾸로 곤두박질쳐진 상태에 놓여 있기도 하다. 형상들 가운데서 어떤 것은 햇볕이 잘 드는 바위, 즉 동쪽이나 동남쪽으로 향한 바위에 그려져 있고, 어떤 것은 넘실거리는 강물을 바라보고 있는 것도 있다. 또 어떤 것들은 하늘을 향하고 있는 것들도 있는데, 이 가운데 몇몇은 바위의 생김새를 교묘히 활용하여 얼굴과 신체를 형상화해 놓았다.

시카치 알란의 '얼굴-가면'은 또한 눈·코·입 등을 단순히 표현한 동굴벽화 속의 신상들과는 달리, 같은 성질의 선들을 여러 번 반복해서 사용하여 얼굴에 빈 여백이 없도록 하였다. 눈은 동심원처럼 동그라미를 두세 겹 반복해 그렸고, 이마나 얼굴 등에도 같은 패턴의 주름을 몇 겹이나 되풀이하여 처리하기도 하였다. 이와 같은 방식으로 표현된 얼굴-가면 형상은 매우 기괴하기도 하고 또 무서운 느낌을 자아내는데, 이런 이유 때문인지 대대로 이 지역에 살던 사람들은 그것들을 '악마의 얼굴'(그림 89)이라고 하였으며, 함부로 그림이 있는 곳으로 가는 일을 꺼렸다. 그러나 이 유적 가운데 불꽃무늬가 퍼져 나오는 얼굴(그림 90)이나 빛살이 퍼져 나오는 형상(그림 91) 등도 있는데, 대부분의 연구자들은 이러한 형상들을 신상으로 보는 데 동의한다.

그림 89
악마의 얼굴
(시카치 알란)

그림 90
불꽃형 얼굴
(시카치 알란)

중국 닝샤후이족자치구의 허란산 암각화 속에도 무수한 얼굴-가면 형상들이 그려져 있다. 그림이 집중적으로 그려져 있는 허란구賀蘭溝의 경우는, 계곡을 사이에 둔 양쪽 산기슭의 수 킬로미터에 이르는 바위들에 헤아리기 어려울 정도의 '얼굴-가면' 형상들이 새겨져 있는데(그림 92), 그것들은 일반적으로 얼굴 윤곽이 타원형이며, 그 속에 눈·코·입을

그림 91
빛살형 얼굴(부분. 시카치 알랸, 러시아)

그림 91-1
빛살형 얼굴(세레메티에보. 우수리, 러시아)

그림 91-2
빛살형 얼굴(세레메티에보. 우수리, 러시아)

그렸거나 동물이나 사람을 그렸고(그림 93), 머리에는 뿔 또는 안테나(그림 94) 등을 그렸다. 그 밖에도 귀와 그 언저리에 줄이 달려 있는 것(그림 95)도 보인다. 바위의 오목한 홈을 이용하여 원숭이를 형상화한 것(그림 96)도 있고, 타원형의 얼굴 가장자리를 꽃잎으로 장식한 것(그림 97)도 보인다.

그러나 이 얼굴 – 가면 형상들 가운데서 가장 주목을 받는 것은 계곡 오른쪽 산줄기의 중간 지점 중턱에 그려져 있는 '태양신상'(그림 98)이다. 이 태양신상은 다른 형상들에 비해 높은 곳에 크고 정성스럽게 그려져 있다. 게다가 동쪽으로 향하는 바위에 그려져 있어서 아침햇살이 형상을 비춘다고 한다. 생김새를 살펴보면 두 겹의 변형 타원형 얼굴 윤곽선 속에 두 겹의 동심원으로 이뤄진 눈이 있고, 눈에서 안쪽 얼굴 윤곽선까지 오른쪽은 6개, 왼쪽은 5개의 짧은 선이 부챗살처럼 퍼져 나가고 있다. 얼굴 윤곽선의 머리 부분에서 또다시 14개의 짧은 선이 외곽을 덮고 있는 바깥 윤곽선까지 나 있다. 그리고 바깥 윤곽선에서도 다시 모두 26개의 빗살이 나가는 모양이다.

이 형상에서 코와 입은 매우 애매하게 표현되어 있어서 정확히 구분하기 어렵다. 그럼에도 생김새를 정리하면, 두 눈의 중간 아래 부분에 세로축이 긴 직사각형을 그린 다음, 그것을 가로로 삼등분하였다. 삼등분된 아래와 위는 다시 세로로 이

그림 92
얼굴(허란산)

그림 93
얼굴 속 동물 가면
(허란산)

그림 94
안테나가 난 얼굴
(허란산)

그림 95
줄이 달린 얼굴
(허란산)

그림 96
원숭이 얼굴(허란산)

그림 97
꽃 장식 얼굴
(허란산)

그림 98 태양신상(허란산)

그림 99 태양신상(줘쯔산)

그림 100 **소(쥐쯔산)** 그림 101 **발자국(쥐쯔산)**

등분한 모양이다. 따라서 직사각형의 윗부분에 나 있는 두 개의 구멍을 코로 볼 수 있다. 맨 아래의 삼등분 지점에서 아래로 한 겹의 반원이 나 있으며, 좌우에 조그마한 반원 또는 세모꼴이 붙어 있는 모양이다.

한편 바깥 윤곽선의 양쪽 아랫부분에서 밑으로 두 개의 안으로 구부러진 선이 나 있다. 이와 같은 모양의 태양신상은 다른 곳에서는 살필 수 없다. 이 형상의 두 겹으로 된 윤곽과 눈에서 바깥으로 퍼져 나가는 여러 가닥의 빗살은 아침에 떠오르는 태양의 빛살을 의인화하여 표현한 것일지도 모른다.

네이멍구 우하이시 쥐쯔산 암각화 속의 태양신상(그림 99)은 그 생김새가 앞에서 본 두 유적과는 조금 다르지만, 얼굴에서 바깥으로 빛살이 퍼져나가는 모습은 같다. 쥐쯔산도 허란산 암각화 유적과 마찬가지로 여러 개의 계곡에 그림들이

그림 102 **태양신상**(쥐쯔산)

그려져 있으며, 그 가운데서도 형상들이 가장 많이 밀집되어 있는 곳은 '자오사오구召燒溝'이다. 이 유적은 쥐쯔산 암각화 유적 중에서도 핵심적인 제재라 할 수 있는 얼굴-가면이 집중되어 있는 곳이다. 또한 이 유적에는 수직으로 서 있는 바위나 절벽 등에 그려진 그림과는 달리 수평으로 누워 있는 바위 표면에 그림이 그려져 있다. 오늘날 '자오사오구' 유적 가운데서도 가장 중요한 그림들이 그려져 있는 곳에 박물관이 세워져 있고, 관련 전문가들이 연구와 유적 관리 및 보존 활동을 병행하고 있다.

쥐쯔산의 '자오사오구' 암각화 속에는 소를 비롯한 동물

(그림 100), 태양과 달을 상징하는 부호, 발자국(그림 101) 등의 형상들과 함께 얼굴-가면이 집중적으로 그려져 있으며 물론 태양신상도 다양한 모습으로 그려져 있다. 이 형상들의 윤곽은 직사각형, 타원형, 원형, 각이 둥근 삼각형, 타원형과 삼각형이 결합된 것 등 몇 가지 그룹으로 분류할 수 있다. 이 가운데서 사각형은 정수리에 혹처럼 무언가가 솟아나 있으며, 빗살무늬는 없다. 원형, 타원형, 타원형과 삼각형이 결합된 것, 각을 부드럽게 처리한 삼각형 등에는 빗살이 나 있으나 그에 비할 때 몸통은 매우 형식적으로 표현해 놓았다. 이 태양신상들의 눈·코·입은 둥글게 점을 찍거나 짧은 선으로 표현하였는데, 빛의 각도에 따라서 인자한 웃음을 띠고 있거나 근엄한 표정(그림 102)을 짓기도 한다.

암각화 속
다양한 신상들

　남부시베리아에는 몇 개의 저명한 암각화 유적이 있다. 그 가운데 '바야르스카야'나 '술렉크스카야', '살라비요프스카야', '아글라흐트이', '테프세이', '샬라볼리노' 유적들은 그림의 규모와 주제, 그리고 여러 시기에 겹 그려진 다양한 양식의 형상들이 세계 선사학계의 끊임없는 주목을 받고 있다. 이 가운데서도 바야르스카야 속에는 통나무집들로 구성된 마을과 가축 등의 그림(그림 103)이 그려져 있는데, 이를 통해 타가르 시대의 지역 유목민 마을과 그들의 생활 모습을 살필 수 있다. 술렉크스카야 속에는 흉노에서 투르크 시대 조형 예술의 세계(그림 104)를 엿보게 해 주었다. 살라비요프스카야나 샬라볼리노 등은 이 지역 초기 청동기 시대부터 오랜 기간 동안의 문화상들을 조형 언어로 번역해 놓았는데, 그중에는 아파나시에보 이전의 들소 그림에서부터 오쿠네보 시대의 '환상의 동물'(그림 105)과 '얼굴 - 가면'(그림 106)들이 서로 중첩되어 있고, 또 고대 룬문자Runic alphabet도 확인되었다.

그러나 이들에 비해 규모는 작지만 흥미로운 유적으로 하카시아 공화국 안친촌에 있는 '후르차흐 홀Khurchakh Khol'을 들 수 있다. 이 유적에는 붉은색 물감으로 그린 '十'자형 기호와 쪼아서 그린 '말발굽' 형상(그림 107) 등이 오쿠네보 시대의 '신상'(그림 108)과 함께 그려져 있다. 신상의 생김새를 자세히 살펴보면, 어른의 손이 들어갈 만큼 큰 직사각형의 자연 바위구멍을 입으로 삼고, 얼굴 윤곽과 겹 동심원으로 눈을 쪼아서 그 이미지를 완성하였으며, 머리 위에는 오쿠네보 시대 특유의 안테나를 장식하였다. 이 유적의 신상 앞에는 이미 백골이 된 소의 머리뼈가 놓여 있었으며, 한쪽에는 소의 나머지 잔해들이 자리를 차지하고 있다. 이 지역 거주민들은 지금도 정기적으로 이 신상의 입에 직접 음식 공양을 한다고 한다.

러시아령 우수리 강변의 세레메티에보 유적에도 매우 독특한 신상들이 그려져 있다. 이 유적에는 우수리 강변 쪽으로 난 수직 단애의 바위에 물새, 호랑이 등의 형상들과 함께 얼굴 - 가면 형상들이 새겨져 있는데, 그 가운데서도 높은 곳에 그려져 있는 몇몇 형상들에는 사람이 접근하기가 매우 어렵다. 이 유적의 얼굴 - 가면 형상들은 아무르 강변의 시카치

그림 103 통나무집 마을(바야르스카야)

그림 104 사냥꾼과 산양(술렉크스카야, 시베리아)

그림 105 환상의 동물(살라비요프스카야, 러시아)

그림 105-1 환상의 동물

그림 106
얼굴 마스크
(살라비요프스카야)

그림 107
말발굽(오로신, 몽골)

그림 108
신상(후르차흐 홀)

알란의 형상처럼 눈·코·입 등을 여러 겹으로 반복해서 표현하였는데, 높은 곳에 그려진 형상들은 매우 근엄한 표정으로 아래를 굽어보는 듯하다(그림 109). 그런데 기괴한 것이 이 형상들의 주변에는 뱀의 허물들이 하얗게 늘어져 바람결에 따라 이리저리 휘날리고 있고, 또 바위 틈바구니에는 섬뜩한 눈빛의 뱀들이 혀를 날름거리며 기어 다니고 있다(그림 110).

키르기스스탄의 남부 지역 '사이말르이 타쉬Saimal'i Tash'나 카자흐스탄의 '탐갈르이Tamgal'i' 등의 암각화 유적 가운데도 머리에 빛살이 난 태양신상들이 여러 개 그려져 있다. 사이말르이 타쉬 암각화 유적의 여러 바위에도 태양신상을 향하여 사람들이 손을 모아서 기도를 하는 장면(그림 111)들이 그려져 있다. 이 태양신상들은 대부분 눈과 입이 있는 둥근 얼굴로부터 빛살이 바깥으로 퍼져 나가는 모습이며, 매우 도식적인 사람의 신체가 얼굴과 결합된 모양이다. 카자흐스탄의 탐갈르이 암각화 유적에도 여러 개의 태양 신상들이 그려져 있는데, 그 가운데서도 특히 '알타르altar(성소)'에는 빛살이 퍼져 나오는 태양과 사람의 몸통이 결합된 '태양신'이 여러 개 그려져 있다(그림 84). 그리고 태양신상 아래에는 몇 마리의 동물들이 배치되어 있고, 그보다 더 아래에는 열세 명의 사람들이 한 줄로 늘어서서 춤을 추고 있다. 춤추는 사람들 중 일부는 역시 빛살이 퍼져 나가는 가면을 쓰고 있다.

그림 109
신상(세레메티에보)

그림 110
세레메티에보 유적
(얼굴 형상 근처의 뱀)

그림 110-1
세레메티에보 유적
(우수리, 러시아)

그림 111 기도하는 사람(사이말르이 타쉬)

그림 112 얼굴(대곡리 암각화)

그림 113 천전리 암각화

그림 113-1 얼굴(부분, 천전리, 울산)

한편 한국 울산 대곡리 암각화와 천전리 암각화에도 각각 얼굴 - 가면 형상들이 그려져 있다. 대곡리 암각화에는 주 암면 전체의 중심 오른쪽 아래에 '얼굴 - 가면'(그림 112)이 그려져 있다. 천전리 암각화에는 바위의 중심에서 약간 왼쪽에 얼굴 - 가면이 그려져 있는데, 이 형상은 머리에 뿔이 달린 모자를 쓴 모습(그림 113-1)이다. 그러나 이와 같은 모습은 빛의 각도에 따라 드러나기도 하고 또 감춰지기도 한다. 아침에 햇빛이 바위 표면의 오른쪽에서부터 비스듬히 비쳐들 때 이 형상은 온전한 모습을 잘 드러낸다. 천전리의 이 얼굴-가면 형상은 시베리아 후르차흐 홀 암각화 속 신상처럼 천전리 바위 속에 깃들어 있던 '주인의 이미지'를 형상화한 것이라고 할 수 있다.

4장

여성과 여신상에서 드러나는 상징

세계에서 가장
오래된 여성 누드화

프랑스 타른Tarn의 펜느Penne에 있는 마들렌 동굴Grotte abri de La Magdelenie에는 세계에서 가장 오래된 여성 누드화가 두 개(그림 114, 115) 그려져 있다. 이 누드화는 1952년 도로공사 엔지니어인 베사크M.Bessac에 의해서 발견되었다. 두 개의 누드화는 동굴의 좌우 벽에 각각 그려져 있는데, 바위의 들어가고 나온 모양을 절묘하게 이용하면서 여성 신체의 부족한 부분은 보완하고 또 강조해야 할 부분들을 강조해 놓았기 때문에, 주의 깊게 살피지 않으면 알아차리기 매우 어렵다. 이 동굴은 라르테Edouar Lartet와 크리스티Henry Christy에 의해 1863년에 이미 발견되었고, 이후 여러 차례의 조사가 실시되었음에도 두 누드화의 존재를 당시에는 어느 누구도 알아보지 못했다.

그림 114 누드(마들렌 동굴)

우선 두 개의 누 드화 중에서 왼쪽의 것(그림 114)을 살펴 보면, 왼쪽 팔로는 뒷머리를 받치고 있 고, 오른쪽 팔은 허 리 부분에 대고 편

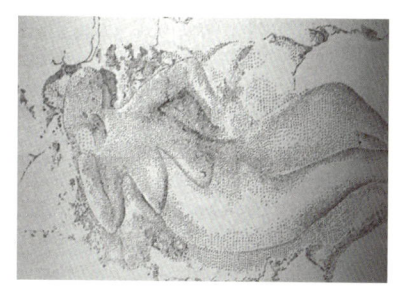

그림 115 누드(마들렌 동굴, 오른쪽 벽)

안하게 누워 있는 모습이다. 두 다리는 무릎을 직각에 가깝게 구부리고 있는데, 그중에서도 오른쪽 다리의 대퇴부와 종아 리 등은 여성의 부드러운 다리 윤곽선과 함께 매끈한 피부의

질감이 잘 드러나도록 표현해 놓았다. 젖가슴이나 아랫배, 왼쪽 팔과 어깨, 허리와 골반 부위를 거쳐 다리로 이어지는 신체 표현은 바위의 생김새를 그대로 활용하였다. 그러나 여성 생식기의 삼각형은 다른 부분들에 비해 매우 분명하게 그려서 표현해 놓았다. 삼각형의 생식기를 표현함으로써 바위의 울퉁불퉁한 표면(凹凸) 속에 깃들어 있던 여성 누드화는 생명을 얻을 수 있었다.

이 그림을 남긴 선사 시대의 미술가는 그가 직접적인 조형 행위를 펼치기 이전에 먼저 바위에서 자신의 팔을 베고 편안한 자세로 누워 있는 아름다운 여인의 모습을 발견하였으며, 보다 구체적으로 그 모습을 드러내기 위해서 무엇을 해야 하는지도 알았던 것이다. 아마도 그가 판단하기에는 자연이 만든 미완성의 형상이 여성으로서 온전한 모습을 갖추기 위해서는 다른 어떤 것보다도 생식기 부분을 보완해야 하고 아울러 그것이 그에게 주어진 임무라는 것도 잘 알고 있었던 것 같다. 그는 다른 곳보다 비교적 앞으로 튀어나온 부분을 아랫배로 삼고, 그 아래의 사타구니 사이에 삼각형을 그린 다음, 다시 삼각형의 밑 부분, 즉 질 입구에 짧은 선을 새겨서 여성의 생식기임을 보다 분명히 하였던 것이다.

그동안 어느 누구도 알아보지 못했던 세계에서 가장 오래된 이 여성 누드화를 베사크가 발견할 수 있었던 것은 바로 그 삼각형의 여성 생식기 때문이었다. 삼각형의 여성 생식기는 자연과 인공이 만나는 경계 지점이었으며, 그것이 형상화되는 순간 미지의 세계는 곧장 지知의 세계로 재편되었다. 다시 말하자면, 이름 모를 선사 시대의 거장이 손을 뻗어 그의 임무를 수행하는 순간, 무질서하고 무의미하던 카오스chaos의 세계는 순식간에 질서logos의 세계로 탈바꿈하였던 것이다. 그런 점에서 이 누드화를 발견한 베사크는 석기 시대의 무명 화가가 바꾸어 놓은 로고스의 세계를 처음으로 목격한 사람인 셈이다. 그리고 우리들은 이 형상에 의해서 조형 예술이 탄생하는 지점을 똑똑히 확인할 수 있다.

다른 하나(그림 115)도 물론 베사크에 의해서 발견되었다. 그것은 동굴의 오른쪽 벽에 그려진 것이며, 기본적인 조형 방식은 왼쪽과 크게 다르지 않다. 오른쪽에 있는 이 형상은 오른손으로 머리를 괴고 왼손은 허리를 잡고 있는 모습이며, 다리는 모두 무릎을 약간 구부리고 있다. 오른쪽 허리선과 풍만하게 발달한 엉덩이, 약간 부른 배 등은 바위의 굴곡을 그대로 활용하여 형상화한 것이다. 젖가슴과 다리 등도 바위의 들고 난 부분들을 이용하였으며, 특히 오른쪽 팔이나 젖가슴, 다리 등은 그 윤곽을 깎아서 다듬고 갈아서 몸매의 사실감을 높였다.

이렇듯 이 두 개의 여성 누드화도 바위의 튀어나오고 들이

간 부분의 생김새를 교묘하게 이용하여 형상화하였다는 점에서 알타미라나 라스코, 퐁드 곰 등의 동굴 속 소(그림 5)나 말(그림 6) 등의 형상들과 궤를 같이한다. 또한 눈·코 등 얼굴 표현이 이뤄지지 않은 점도 유사 사람 형상, 즉 '하이브리드 형상'들과 같다. 이처럼 얼굴의 세부 묘사가 이루어지지 않은 점을 두고 기디온Siegfried Giedion은 '선사 시대 미술의 특징'이라고 하면서, 그러한 점이 두 형상에서도 유지되어 있다고 하였다. 그러나 얼굴 대신에 새나 동물로 가장假裝을 하였던 예나 혹은 처음부터 머리를 그리지 않은 여성 형상들에 비하면, 이 두 여성 누드화는 특별히 다른 경우라고 할 수 있다.

더욱이 두 여성 누드화는 비스듬히 누워 있는 모습이다. 비록 얼굴은 구석기 시대 조형 예술의 규범과 관례에 따라 생략하였다고 할지라도, 이렇듯 신체가 온전하게 표현된 여성의 누드화를 그린 예는 거의 없다. 이런 유형의 여성 누드화, 즉 누워 있는 여성을 모델로 삼았다는 것은 분명히 후기 구석기 시대의 인물화 중에서 새로운 차원의 시도였음에 틀림이 없다. 김부타스는 두 누드화를 출산 장면을 형상화한 것으로 보았다. 그는 두 누드화 중 왼쪽의 것은 소, 오른쪽은 말과 같이 그려져 있다고 하면서, 동물과 함께 구성된 이와 같은 그림이 출산의 상징성을 가진다고 하였다. 그러면서 프랑스 도르도뉴 소재 가비유 동굴Grotte de Gabillou 속에도 유사한

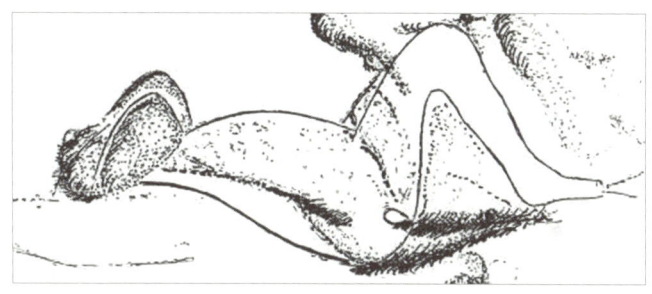

그림 116 출산(가비유 동굴, 김부타스)

'출산 자세의 여성woman in the posture of giving birth' 형상(그림 116)이 있다고 하였다.

한편 역시 같은 프랑스의 도르도뉴 소재 쿠삭 동굴Grotte de Cussac[9] 속에도 여성 누드화(그림 117) 하나가 그려져 있다. 이 형상은 약간의 두께감과 깊이감이 있는 선으로, 허리를 구부리고 엉거주춤한 자세로 왼쪽을 바라

그림 117
쿠삭의 비너스(쿠삭 동굴)

보는 여성을 간결하면서도 단정하게 표현하였다. 비록 선으로 그린 형상이지만, 이것은 '쿠삭의 비너스venus of Cussac'이라는 이름이 붙어 있다. 이 형상의 머리는 타원형이고, 뒷머리의 끝을 가볍게 쪼아서 짧은 머리카락을 표시하였다. 목

은 가늘고, 큰 몸통에 큰 젖가슴이 달려 있으며, 불룩한 배는 약간 아래로 처져 있다. 엉덩이도 풍만하게 표현하였으나, 대퇴부에서 무릎 쪽으로 가면서 뾰족하게 처리되었다. 팔도 몸통에 비해 매우 가늘게 표현되어 있다. 그러니까 이 형상은 3차원의 비너스상(그림 43, 47)을 2차원의 평면으로 환원시켜 놓은 셈이며, 그런 점에서 '쿠삭의 비너스'라고 부르는 것도 크게 무리는 아니다.

또 하나 소개하고자 하는 것은 프랑스의 비엔느 소재 '로코소르시에Roc-aux-Sorciers' 바위그늘에 새겨진 여성 군상(그림 118)이다. 앞의 두 경우와는 달리 얼굴과 가슴 등 몸통의 윗부분은 없고, 배와 엉덩이, 다리만 있는 세 명의 여성 형상들이다. 이 형상들도 역시 바위의 생긴 모양을 기발하게 활용하여 표현하였다. 둥글게 솟아 있는 바위 표면은 여성의 부른 배로, 양쪽으로 갈라진 바위는 여성의 다리로, 가슴 부위에서 약간 돌출된 면은 여성의 젖가슴으로 각각 재해석하고, 거기에 마들렌 동굴 속 누드화(그림 114, 115)처럼 삼각형의 여성 생식기를 아랫배와 사타구니 사이에 또렷하게 새겨 넣어 여성상을 완성시켰다. 이 형상은 앞의 두 경우와는 달리 젖가슴이 없거나, 위치만 표현해 놓았는데 젖가슴이 없어도 세 개의 형상을 여성이 아니라고 부정하는 사람은 없다.

로코소르시에 여성상들이 바위의 돌출된 부분을 적절하

그림 118 **여성 군상(로코소르시에 바위그늘)**

게 이용하고 또 고부조^{高浮彫}의 형식으로 표현한 것이라면, 쇼베 동굴 속의 여성의 하체 형상(그림 119)은 물감으로 그린 것이다. 이 형상은 동굴 속의 구불구불 이어진 수직 바위의 안으로 꺾어지는 면의 끝 지점에 그려져 있는데, 이 벽화를 그린 화가 역시 바위벽의 구조와 생김새를 잘 파악하고 형상화한 듯 보인다. 여성의 하반신이 그려진 바위 표면 윗부분은 앞으로 약간 튀어나와 있고 아래로 내려가면서 좁아지는 곳이었다. 특히 왼쪽 다리는 앞으로 약간 튀어나온 부분을 활용하여 그렸다. 상체는 없고 골반부와 다리만 그렸으며, 그 가운데 검은색으로 여성의 생식기를 그려 놓았다. 이 형상의 생식기 위에는 들소의 머리가 그려져 있다.

따라서 로코소르시에의 여성 부조나 쇼베 동굴 속 여성 하

그림 119 소머리 여성 하체
(쇼베 동굴)

체 그림 사이의 기본적인 구조에는 큰 차이가 없다. 두 곳 모두 머리와 상체가 없고 부른 배와 여성의 생식기, 다리만 있는 모양이다. 석기 시대의 인체 형상이 일반적으로 머리를 무시하거나 생략하는 경향이 있다는 점을 앞에서 여러 번 확인하였지만, 이렇듯 불완전한 신체임에도 두 형상은 여성임을 충분히 보여준다. 그리고 또 분명히 지적해야 할 점은 두 곳의 여성 형상들이 미술품으로서 생명력을 얻을 수 있었던 결정적인 요인은 다름이 아니라 삼각형의 여성 생식기라는 점이다.

여성상임을 드러내는 표징

　마들렌과 쿠삭, 로코소르시에, 쇼베 등의 동굴 유적들 가운데서 인류가 남긴 가장 오래된 여성 누드화와 부조 등을 살펴보았다. 이 가운데서 마들렌 동굴 속의 누워 있는 여성 형상, 그 가운데서도 왼쪽의 형상(그림 114)은 젖가슴과 여성 생식기가 모두 표현되어 있었다. 쿠삭 동굴 속의 여성 형상(그림 117)은 측면에서 바라본 모습이었기 때문에 여성 생식기는 표현되지 않았으나 젖가슴을 그려서 여성임을 분명하게 보여주었다. 이러한 점은 마들렌 동굴의 오른쪽에 그려진 여성 형상도 마찬가지이다. 마지막으로 로코소르시에 바위그늘과 쇼베 동굴 속의 여성 형상들(그림 119)은 머리와 상반신이 없었지만, 골반 부위에 삼각형 모양의 여성 생식기를 표현하여 나체의 여성 형상을 완성했다.

이러한 몇 개의 예를 통해 그림 속 사람 형상이 여성인지 아닌지 여부는 젖가슴과 여성 생식기 유무에 의해서 확정할 수 있었다. 마들렌 동굴 속 왼쪽 벽에 그려진 누드화(그림 114)처럼 사람 형상 가운데서 젖가슴과 여성 생식기가 모두 표현되어 있다면, 그것은 두말할 필요도 없이 여성이다. 또한 쿠삭 동굴 속에 그려진 여성 형상(그림 117)처럼 생식기는 살필 수 없으나 젖가슴이 그려져 있다면, 그것 역시 여성을 형상화한 것이다. 그리고 로코소르시에 바위그늘이나 쇼베 동굴 속의 여성상처럼 상반신이 없거나 젖가슴이 없는 인체일지라도 여성의 생식기가 표현되어 있다면, 그것 또한 여성을 형상화한 것이다.

선사 시대의 화가들은 조형 예술에서 젖가슴과 삼각형 모양의 여성 생식기를 여성 형상 표현의 필요충분조건으로 삼았으며, 두 가지 요건을 동시에 갖추기가 어려울 경우에는 둘 가운데 어느 것 하나를 반드시 필수 요건으로 표출시켰다. 젖가슴과 삼각형의 여성 생식기는 뭇 생명체 가운데서 오로지 인간의 여성만 갖고 있는 신체적 특징이며, 그러므로 그 요건이야말로 여성임을 증명해 주는 표징이었던 것이다. 따라서 사람을 형상화한 어떤 조형 예술품 속에서 이 두 가지, 혹은 둘 중의 어느 한 가지라도 갖추어진 것이 있다면, 의심할 여지없이 여성 형상이라고 할 수 있을 것이다.

물론 그와 같은 표징이 드러나지 않은 형상들도 있다. 앞에서 살펴본 바 있는 '브라상푸이의 아가씨'(그림 41)나 돌니 베스토니체에서 출토된 '비너스 15'(그림 70) 등과 같은 얼굴 조각상 등이다. 우선 '브라상푸이의 아가씨'는 얼굴의 윤곽과 머리의 모양 때문에 여자의 얼굴이라고 보았다. 한편 돌니 베스토니체 출토의 '비너스 15'를 한때는 '석기 시대의 레오나르도 다 빈치'라고 보기도 했었으나 지금은 이 또한 '비너스' 가운데 하나로 분류되어 있다. 그 이유는 아마도 갸름한 얼굴과 머리의 모양, 즉 모자를 썼거나 머리카락을 묶은 모양이 여성에 더 가깝다고 추측한 것이리라. 그러나 이 둘을 여자라고 보는 것은 어디까지나 추정이다.

쿠냑이나 페슈 메를 등의 동굴 속에는 머리가 없거나 혹은 동물의 머리를 한 사람의 형상(그림 120)이 그려져 있다. 이들 두 형상에서는 여성의 젖가슴이나 생식기 등을 살필 수 없다. 따라서 이와 같은 형상들이 여성을 나타낸 것이라고 단언할 수 없다. 그렇다면 남자일 가능성이 높아지지만, 그렇다고 이들을 남성을 형상화한 것이라고 당연시하는 것 또한 경계해야 한다. 이처럼 성징 표현이 없는 경우에는 어깨나 골반 부위 등 남녀 사이의 신체적인 차이(그림 121)를 고려하면서 판단해야 한다. 레 트루아 프레르 동굴의 주술사(그림 36)나 상체가 소인 하이브리드 형상(그림 76)처럼 고환이나 생식기 등

그림 120 머리 없는 사람(cougnac cave)

그림 121 천문대의 시간에, 연인들(만 레이, 1934)

그림 122 남자와 여자(콩바렐)　　그림 122-1 남자와 여자 형상 도면

이 표현된 경우가 아니거나 남녀 사이의 신체적 특징을 구분하기 어렵다면 그냥 사람을 형상화한 것으로 보는 것이 가장 합리적이다.

남녀의 차이를 분명하게 보여주는 그림이 있는데, 그것은 프랑스의 도르도뉴에 있는 콩바렐 동굴Les Combarelles Cave 속의 선으로 그린 남자와 여자 형상(그림 122)이다. 두 형상 중에서 남자는 머리가 없고, 또 커다란 몸집에 몹시 배가 부른 모습이며, 그에 비해 팔과 다리는 상대적으로 왜소하다. 그리고 허리를 심하게 구부렸는데, 이와 같은 모습은 앞에서 논한 바 있는 쿠삭 동굴 속의 여인 형상(그림 117)과 형태적으로 동질감을 보이고 있다. 그런데 이 형상이 남자라고 보는 이유는 젖가슴이 없고 또 배와 다리 사이에 남성기로 추정되는 돌기가 그려져 있기 때문이다. 한편 여성 형상은 남성 형상의 엉덩이에서 다리로 이어지는 선을 그녀의 등과 허리선으로 공유하고 있으며, 오른쪽을 보고 서 있다. 이 여성 형상은 남성 형상에 비해 엉덩이가 크게 발달하였고, 앞가슴에는 작은 젖가슴이 표현되어 있다.

풍요와 다산에서
이상적인 황금비율로

　오리냐크 문화기부터 그려지고 만들어진 여성 누드화와 조소 작품들은 이후에도 변함없이 제작되었다. 시대가 변하고, 그 추이에 따라 민족과 문화 주인공들이 달라졌으며, 자연환경과 문화의 중심지도 바뀌고 종교와 세계관도 여러 차례 바뀌는 등 인류의 문명사에 큰 변화가 되풀이되었지만, 여성은 그런 변화들과는 무관하게 조형 예술의 핵심적인 모티프로 지위를 유지해 왔다. 오히려 성화^{聖畫}에서부터 에로틱 그림에 이르기까지 더 분화된 장르와 다양한 방법으로 여성은 형상화되어 왔다. 앞에서도 살펴보았던 아나톨리아 차탈휘위크에서 출토된 '아이를 낳고 있는 여신'(그림 15)이나 얄랑가치 데페에서 출토된 여성 테라코타(그림 17), 바이올린 모양의 여성상(그림 52), 이집트의 피라미드 속, 그리고 헬레

니즘이나 로마 제국 시대에도 여성은 주요 모티프였다. 그뿐만 아니라 인도와 중국, 심지어는 아메리카 대륙의 고대 제국에서도 여성은 주요 조형 예술의 주요 모티프로 제작되었다.

여신이든 혹은 왕비나 황후이든 귀부인이나 가정주부, 하녀의 모습으로, 또 할머니에서 젊은 처녀의 모습으로 여성은 끊임없이 제작되었다. 여성은 초상에서 특정 장면 속의 주인공 혹은 조역 등 실로 다양한 모습으로 형상화되었으며, 그 가운데서도 특히 누드화나 누드 조각은 더더욱 특별한 자리를 차지하였다. 각종 신화 속에 등장하는 여신들, 이를테면 헤라Hera를 비롯하여 '미의 여신'으로서의 비너스(그림 8)와 '봄(그림 123)' 등은 수많은 화가와 조각가들이 작품 모티프로 삼았다. 그리하여 그 유사 버전들을 헤아리기조차 어려울 정도이다. 그것들은 각 시대별로 창출한 조형 문법에 따라 회화뿐만 아니라 조각상으로도 제작되었다. 그리고 그들 대부분은 신화적 사건과 관련되어 있다.

이 여성 형상들은 석기 시대의 비너스상에서 살필 수 있었던 풍요와 다산의 상징 의미는 점차 퇴색하고, 대신에 늘씬하면서도 볼륨감이 있는 몸매를 아름다움의 표상으로 삼고, 그것을 형상화하는 일에 비중을 두는 듯 보였다. 그에 따라 석기 시대의 비너스상들과 같이 뚱뚱하고 땅딸막한 여성 형상은 자취를 감추었고, 황금비율에 맞는 이상적인 몸매를 추구

그림 123 **봄**(산드로 보티첼리, 1478)

하기에 이른다. 그에 따라서 여성의 신장은 7등신, 8등신으로 점점 늘어나게 되었고, 비례와 균형, 조화 등을 고려한 이상적인 여성 형상들이 표현되기에 이른다. 또한 석기 시대의 그림이나 조각과 같이 당당하게 표출되었던 여성이나 남성의 생식기는 여러 가지 방법으로 적당히 가리게 되었다.

여성의 표징을 나타내는 삼각형

사람 형상 중에서 골반 부위에 그려지는 삼각형이 여성의 표징인 점을 여러 사례를 통해서 살펴보았다. 여성의 생식기는 신체 구조상 역삼각형으로 그려져 있으며, 또한 생식기로서의 사실성을 보다 더 강조하기 위하여 아래의 꼭짓점, 즉 질 입구를 짧건 길건 간에 세로선으로 갈라놓은 모양(그림 114)이다. 이와 같이 삼각형을 여성의 생식기로 표현한 것은 오리냐크 시대의 비너스상(그림 3)에서부터 메소포타미아, 이집트(그림 50), 그리고 에게 해의 키클라테스Cyclades 제도 등 중근동 지역에서 발견되는 여인상(그림 18)과 불가리아의 루스에서 출토된 황금으로 만든 여신상(그림 124), 몰도바Moldova의 비크바틴트 시 등지에서 출토된 테라코타 여신상(그림 125)등 사례가 무수하다. 이들의 기본 구조는 한결같

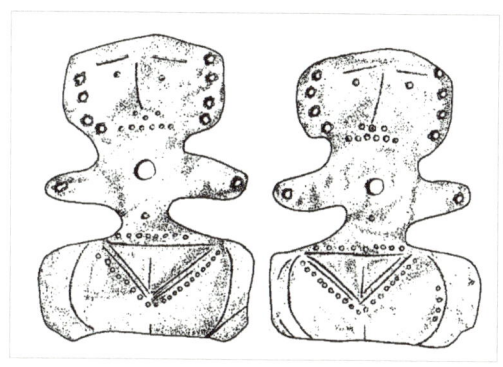

그림 124 여인상
(루스. 불가리아, 기원전 5000, 마리야 김부타스, 2016)

이 삼각형이며, 세로선을 그어 여성 생식기의 사실성을 보다 강화하였다.

그런데 이와 같은 삼각형 모양은 비단 여성의 신체뿐만 아니라, 몸에서 분리해 독립적인 기호로도 표현하였는데, 그 사례들 또한 이루 헤아릴 수 없다. 그렇게 표현된 형상의 가장 오래된 예로 라 페라시La Ferrassie 동굴 속의 '여성 기호女陰'(그림 127)나 코스텐키 출토의 돌판에 새긴 삼각형 등을 들 수 있다. 그러한 기호들은 로셀의 '각배를 든 비너스'(그림 7)나 키클라데스

그림 125
여인상(몰도바)

그림 126 여성 생식기 기호 (라 페라시)

그림 127 여성 생식기 기호(라 페라시)

그림 128 여성 생식기 기호(라 페라시)

그림 128-1 여성기

제도의 대리석으로 만든 여신상 등에서 보았던 것처럼 삼각형을 기본형으로 하고, 거기에 세로선을 그은 것에서부터, 삼각형의 윗변을 둥글게 하고 가운데에 점을 찍은 것(그림 128), 삼각형의 아랫부분이 벌어지도록 표현한 것(그림 129) 등 몇 개의 변형을 보이고 있다. 이들은 모두 바위 표면을 쪼고 갈아서 형상화하였는데, 하나의 바위 표면에 하나만 새긴 것도 있고 한꺼번에 여러 개를 새겨 놓은 것도 있다.

그뿐만 아니라 이와 같은 모양의 '여성 기호'는 동굴은 물론이고 바위그늘rock shelter, 그리고 그 밖의 바위 표면에도 그려져 있다. 또한 석기 시대부터 오랜 기간에 걸쳐 제작되었으며, 유라시아 대륙의 선사 및 고대 바위그림 유적을 비롯하여 의례가 거행되던 공간에서는 예외 없이 확인되고 있다. 특히 임신과 출산을 기원하는 의례의 중심지에는 바위구멍cup mark. 性穴이나 발자국 등과 함께 구성되어 있는 경우들이 많다. 우리나라의 포항 칠포리 암각화(그림 130)나 경주 금장대 암각화(그림 131) 가운데도 여성 기호들이 다른 형상들과 함께 표현되어 있다.

그림 129 여성 생식기 기호(라 페라시)

이와 같은 '삼각형'(그림 126) 또는 삼각형 아랫부분에 세로선을 그은 기호가 여성을 대변하는 소위 '여성 생식기 기호'의 상징이 될 수 있었던 것은 여성의 생식기와 형태적으로 닮았기 때문이다. 그리고 그와 같은 모양의 신체기관을 여성들은 모두 지니고 있기 때문이다. 그뿐만 아니라 그것은 인간 여성 이외의 어떠한 동물, 더 나아가 세상에 존재하는 다른

그림 130
여성 생식기 기호
(칠포리)

그림 131
여성 생식기 기호
(금장대)

생명체들 가운데서는 살필 수가 없기 때문이다. 따라서 그것이 여성의 표징으로 자리를 잡게 된 것이다.

아래에 세로선을 그은 '삼각형'은 연원을 거슬러 올라가면, 석기 시대부터 인류가 여성의 신체 중 생식기를 표현하는 데 이용한 도상 기호였으며, 그것은 여성 생식기를 가장 간략하게 표현하면서도 그 구조의 특질을 제대로 제시하고 있다.

따라서 라 페라시 등의 동굴 가운데 새겨진 여성 기호나 코스텐키 등의 주거지 출토 돌이나 뼈 판에 새긴 삼각형, 한국 칠포리 등 몇몇 암각화

그림 132 **여성 생식기(영국사, 영동)**

속에서 살필 수 있는 여성 생식기 모양 도형 등은 모두 여성의 신체에서 차용한 것들인 셈이다. 물론 일부 지역에서는 그것이 여성의 생식기임을 강조하기 위하여 보다 사실적으로 표현한 경우도 확인된다. 대표적인 예로 영동 영국사寧國寺 삼층석탑의 기단에 새겨진 여성 생식기(그림 132)를 들 수 있다.

이렇듯 삼각형 기호는 여성의 생식기를 표현할 때 꼭 이용되었고, 앞서 살펴본 마들렌 동굴의 왼쪽 벽에서 보았던 여성 누드화 생식기나 로코소르시에 바위그늘의 여성들의 생식기, 흑해 남서해안 지역에서 출토된 여성 소상들의 생식기(그림 125)에서도 모두 삼각형으로 여성의 생식기를 표현하였다. 만약 여성 형상들에서 삼각형의 성징을 제거한다면, 그때도 그것을 여성 형상이라고 단언할 수 있을지 의문이다. 그러므로 삼각형 기호가 지니는 역할과 기능이 얼마나 크고 중요한지 짐작할 수 있다. 따라서 이 삼각형 기호들은 곧 '부분으로

써 여성의 전체 이미지'를 대신하고 있는 것이며, 그러므로 '삼각형 = 여성'이라고 볼 수 있다.

여성기, 삼각형, 그리고 상징

 상징이란 주어진 무엇을 매개로 삼아 다른 무엇인가를 알 수 있도록 작동하는 것이다. 여성의 신체에서 분리된 삼각형의 여성 기호는 한편으로는 여성의 대역代役을 하였으며, 다른 한편으로는 여성이 지니는 특별한 속성들을 내포한 의미소로서의 기능을 수행한다. 다시 말하자면, 이와 같은 기호는 여성의 실재를 상징적으로 표시하는데, 그런 점에서 비너스 상과 똑같은 역할을 수행하였던 것이다. 이 기호는 여성이 갖는 권능 중 하나인 임신과 출산이라는 신비로운 힘을 나타내는 표식이었는데, 그런 이유로 그것을 임신한 동물이나 남성의 성기를 상징하는 기호들과 함께 결합(그림 133)해 표현하기도 하였다.

 기디온은 이러한 여성 생식기 기호에는 분명히 의례적인

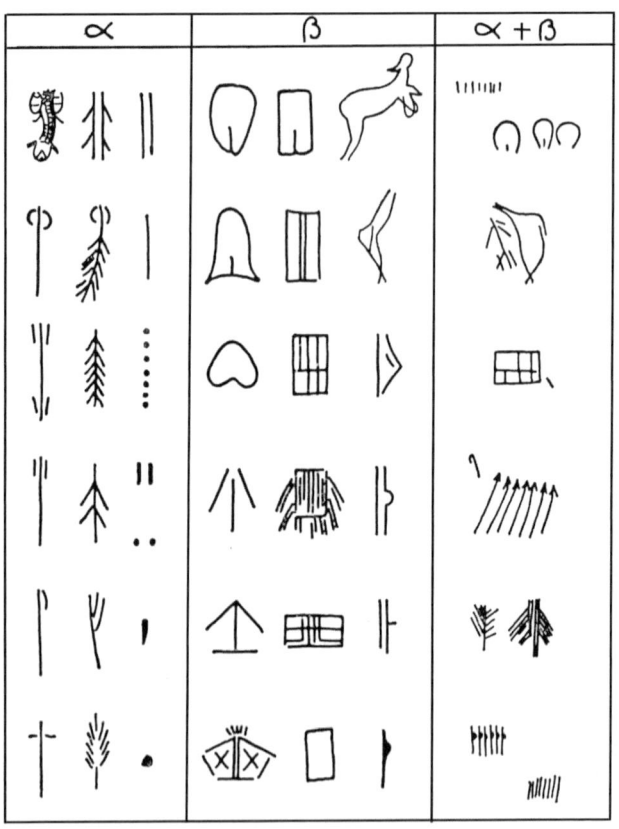

그림 133 남녀 생식기 기호(A.Leroi-Gourhan, 1985)

의미가 있었냐고 하면서, 그 이유로 여성 비너스상들이 매우 자연주의적으로 표현된 점에 반해 생식기는 모두 기하학적인 삼각형을 취하고 있는 점을 들었다. 그리고 이후 메소포타미아를 비롯한 주변의 여러 지역에서 출토된 여성 소조상들도 석기 시대의 미술가들과 똑같이 생식기를 기하도형인 삼각형으로 표현하였던 점을 지적하면서, 오랜 시간이 경과되었음에도 불구하고 인체 표현의 도상적인 원리는 거의 변하지 않았다고 하였다. 그리고 그토록 오랜 기간을 통하여 제작된 여성상은 번식의 개념을 상징하였다고 강조하고, 그 개념은 인간과 동물의 번식을 암시하는 여성기에 의해 단순하게 표현되었다고 하였다.

엘리아데Mircea Eliade는 석기 시대의 인류가 썼던 동굴의 의례적인 의미를 '어머니에의 신비로운 회귀'라고 할 수 있을 것이라면서 그리스어에서는 '자궁delph'이라는 말이 신성한 장소 중 하나인 '델피delphi'라는 이름으로 이어져 오고 있음을 상기시켰다. 또한 괴물 아르고스argos가 지키는 데메테르Demeter[10] 신전이 '델타'라고도 불리는 점을 떠올리면서 델타가 여성 생식기 또는 배꼽omphalos을 상징하는 것이라고 하였다. 그리하여 그는 '델타'라는 말이 여성을 상징하는 것이라고 하였으며, 피타고라스학파 역시 삼각형을 "원래의 형태原形態"라고 한 점을 인용하면서 그것은 "완전한 형태일 뿐만 아니라 보편적으로 번식의 원형"이었다고 주장하였다.

김부타스는 여신에 대한 최초의 표식이 '생식기陰門'라 하고, 이와 같은 생식기는 오리냐크 문화기부터 주로 프랑스 남부 지역에 소재하는 동굴에서 발견되고 있다고 하였다. 그것은 반원, 삼각, 혹은 종 모양으로 윤곽을 표현한 다음, 거기에 대시기호(-)나 점을 덧붙여 질 입구를 나타내었다고 하였다. 이 생식기 기호를 다시 세 가지 형태로 분류하였는데, 그것은 물의 상징과 관련되는 초자연적인 삼각형, 씨앗이나 새싹 모양, 그리고 알 모양의 생식기 등이다. 또 이 가운데서 알 모양은 출산이 임박한 순간의 생식기 모양이라고 하였다. 그러면서 그것이 '여신의 기호'뿐만 아니라 '자궁'까지 의미한다고 하였다. 그러한 생식기가 신비한 자연의 힘을 체현하는 여신의 표식이라고 하였다.

한편 앙드레 르루아 구랑은 동굴벽화나 지닐 미술 가운데 많은 수의 기호 sign가 보이는데, 그것을 크게 여성과 남성 등 두 가지 유형으로 구분할 수 있다고 하였다. 그중 여성 유형을 여성의 성기 또는 비너스의 변형이라고 하면서 모양은 타원형·삼각형·방패 모양·빗 모양·장방형 등이라고 하였다. 또한 남성 유형은 남성의 성기를 상징화한 것이라고 하고, 작은 가지·선형線形·평행선·점선 등을 포함시켰다. 그런데 두 그룹 중 남성의 기호는 창이나 투창기, 지휘봉 등에 새겨져 있으며, 여성 기호는 장신구 가운데서 많이 보인다고 하였다. 또한 남성 기호는 말·사슴·야생산양 등과 구성되고, 여성의 기호는 소와 함께 구성되어 있음도 같이 지적하였다. 그뿐만 아니라 그는 선사 시대의 동굴벽화 속에는 투창기나 상처 입은 동물들이 그려져 있는데, 투창기는 남성의 성기를, 상처는 출혈을 동반한다는 점에서 여성의 생식기를 상징한다고 생각했다.

소베Georges Sauvé는 구랑의 개념을 환유換喩와 은유隱喩로 확장해서 선사 미술을 이해하고자 하였다. 알고 있는 바와 같이 환유는 비유하는 것과 비유되는 것 사이에 직접적인 관계가 있는 것을 표현하는 방법이며, 은유는 비유 대상 사이에 직접적으로 아무런 관계가 없는 사물로 상징하는 표현 방법이다. 그런데 소베에 따르면 구랑이 지적한 투창기와 남성, 상처와 여성처럼 서로 간에 아무런 직접적인 관계가 없는 경우를 은유라고 하였다. 또한 남성의 생식기와 삶, 투창기나 상처 등은 죽음을 상징한다고 하면, 이들은 직접적으로 관련이 있기 때문에 환유가 된다는 것이다. 그는 선사 시대의 미술이 환유 및 은유와 같은 두 개의 축으로 해석될 수 있다고 보았다.

5장

여신 신화의
원형을 찾아

진실한 사랑을 다룬 이야기

　신화의 세계에서 신들은 여러 가지 능력을 겸비하고 있지만 특히 마음만 먹으면 언제든지 원하는 모습으로 변신하기도 하고, 또 사람을 다른 모양으로 변하게 하는 저주를 내리기도 한다. 신들 가운데서도 최고의 변신술사라면 단연코 제우스를 들 수 있다. 제우스는 빛의 신이기 때문에 근본적으로 보통 사람들의 세계에서는 본래 모습을 나타낼 수가 없다.[11] 또한 황제 헌원軒轅이나 치우蚩尤도 그에 버금갈 정도로 변신술의 대가들이다. 그들은 탁록涿鹿 전투에서 신통방통하면서도 현란한 변신술을 보여주는데, 이로써 신성한 세계의 일면을 엿볼 수 있다. 그리고 익숙한 손오공 또한 변신의 대가라고 할 수 있다.

　신들은 인간을 시험에 빠지게도 하고, 특별히 그들의 마음이 상하면 가차 없이 동물이나 파충류 등으로 변하게 하는 저주를 내리기도 한다. 신들의 뜻을 따르지 않거나 불경한 일을 하다가 동물이 된 예도 적지 않다. 그중에서도 특히 사람들의 입에 자주 오르내리는 것은 아르테미스Artemis(로마신화에서는 Diana)인데, 목욕하는 그녀의 모습을 훔쳐 본 '악타이온Actaeon'에게 저주를 내려 사슴으로 변신시켜 사냥개들의 먹이가 되게 하거나 그녀의 모습으로 변신한 아버지 제우스에 의해 요정 '칼리스토Callisto'가 임신을 하게 되자 역시 곰으로 변하는 저주를 내리기도 한다. 아테나Athena 역시 베 짜기로 자신에게 도전한 아라크네Arachne와 경기를 펼친 후 그녀에게 저주를 내려 거미로 만들어 버린다.

이와 같이 신들의 저주를 받아서 동물로 바뀌거나 혹은 약간 결이 다르기는 하지만 깊은 잠에 빠진다거나 하는 이야기 등은 많은 동화와 소설의 모티프가 되어 새로운 버전들이 만들어지고 있으며, 그러한 이야기들의 주요 내용은 주로 '진실한 사랑'을 다루고 있고, 탐욕과 나태, 교만 등을 꾸짖으면서 동시에 권선징악과 외모지상주의 경계 등 교훈적인 메시지를 담고 있다. 『개구리 왕자The Frog Prince』나 『미녀와 야수Beauty and The Beast』, 그리고 『백설 공주The Snow White』 등이 대표적인 예이며, 이들은 세대에서 세대를 거치며 사랑을 받고 있다.

알고 있는 바와 같이 『미녀와 야수』는 잔 마리 르 프랭스 드 보몽Jeanne-Marie Le Prince de Beaumont의 소설이다.[12] 줄거리는 부유한 상인의 마음씨 착한 막내딸 벨이 아버지 대신 야수가 사는 성에 들어가 살면서 야수와 진심어린 사랑을 확인하는 순간, 마법이 풀려 야수가 원래의 왕자 모습으로 돌아온다는 내용이다. 이 이야기는 이미 1945년에 장 콕도Jean Cocteau 감독이 각색하여 〈미녀와 야수La Bella et la Beta〉라는 이름으로 영화화되었다. 그것을 다시 '월트 디즈니 픽쳐 애니메이션'에서 린다 울버튼이 애니메이션에 맞게 각색하고, 게리 트러스데일Gary Trousdale과 커크 와이즈Kirk Wise 감독에 의해 애니메이션 영화로 다시 제작된 것이다. 그리고 다시 2017년 빌 콘돈Bill Condon이 감독하고, 엠마 왓슨Emma Watson과 댄 스티븐스 Dan Stevens 주연의 영화로 재탄생되었다.

이 주제가 애니메이션과 영화로 제작되어 많은 사람들의 사랑을 받은 이유는 여러 가지가 있을 테지만, 무엇보다도 중요한 것은 사람들의 심성 밑바닥(무의식 또는 하의식)에 자리 잡고 있는 신화의 원형을 소환할 뿐만 아니라, 그것을 통해 잊고 지내던 인류문명의 여명기에 대한 기억을 상기시켜 주며, 까맣게 잊고 있었거나 혹은 의식조차 하지 못했던 인간 내면 속의 동물성과 야만성 등을 갱생시켜 주기 때문이다. 사람들은 야수에 대한 두려움보다는 그의 딱한 처지와 그가 갈구하는 간절함 등을 자신과 동일시하면서 '벨'과의 사랑이 이루어지기를 지지하고, 동물의 가면 속에 갇혀 있는 본래의 모습이 회복되기를 바라는 것이다. 관객들은 이 영화를 통해 뜻밖에 자기 정화의 시간을 갖게 되었을지 모를 일이다.

미노타우로스의
탄생과 부활

미노타우로스Minotauros는 미노스 왕의 아내 파시파에Pasiphae가 바다의 신 포세이돈Poseidon이 미노스 왕에게 신표로 보내준 소에 반하여, 소와 상간한 후 태어난 소의 머리를 한 괴물半獸半人이다. 미노스는 제우스와 페니키아의 왕 아게노르의 딸 에우로페 사이에서 태어난 아들로 이야기의 시작은 이렇다. 바람기가 많은 제우스가 시녀들과 함께 해변가를 거니는 에우로페의 모습을 보고 반하여 황소로 모습을 바꾼 다음, 그들 가까이 다가가자 에우로페는 소의 부드러운 촉감에 반해 올라타게 된다. 그러자 황소가 그녀를 태우고 깊은 바다를 건너 크레타 섬에 도착해 에우로페를 내려놓는 순간 제우스는 본래의 모습으로 변신한다. 이 둘 사이에서 세 명의 아들이 태어나는데 그중 맏아들이 미노스이다.

미노스는 형제들과 왕위 다툼을 할 때 포세이돈에게 왕위를 차지할 수 있는 징표로 소를 보내줄 것을 서원하였다. 물론 포세이돈은 미노스의 서원에 응답하여 눈처럼 하얗고 잘생긴 소를 보내주었다. 왕위에 오른 미노스는 포세이돈이 보내준 소를 제물로 바쳐야

그림 134 파시파에와 황소(프레스코화, 폼페이, 1세기, 나폴리국립고고학박물관)

하였음에도 소가 너무나 마음에 들어 대신 다른 소를 제물로 바쳤다. 이에 화가 난 포세이돈은 미노스 왕의 아내 파시파에가 자신이 보내준 소에 반하여 사랑에 빠지도록 저주하였으며, 파시파에는 미노스 궁전 최고의 장인 다이달로스에게 정교한 암소를 만들어 달라고 하고, 그 속에 들어가 황소와 정을 통하게 된다(그림 134). 이렇게 하여 미노타우로스가 태어나게 된 것이다. 그는 반은 사람, 반은 소의 모습을 한 괴물이었다.

그러자 미노스 왕은 다이달로스에게 명령하여 누구도 들어가면 나오지 못하는 미궁 '라비린토스labyrinthos'를 만들

게 하고, 그 속에 미노타우로스를 가두었으며, 아테네의 선남선녀 일곱 명씩을 뽑아서 그들을 미궁에 제물로 바쳤다. 세 번째 제물이 바쳐질 때, 아테네의 왕자 '테세우스Theseus'는 미노스와 파시파에의 사이에서 태어난 딸 아리아드네의 도움을 받아 괴물 미노타우로스를 죽이고 미궁을 빠져나오게 된다. 아리아드네에게 이 미궁을 빠져나올 수 있는 방법을 가르쳐 준 사람은 물론 다이달로스이며, 이에 화가 난 미노스 왕은 이번에는 다이달로스와 아들 이카루스Icarus를 미궁에 가둔다. 그다음 장면이 바로 '이카루스의 추락'이다.

이 신화 속에는 황소로 변신한 제우스신과 인간 여성 에우로페, 제우스의 아들 미노스와 포세이돈, 여신 파시파에와 눈처럼 희고 멋진 황소, 소머리의 괴물 미노타우로스, 영웅 테세우스, 미궁 라비린토스 등은 당시의 사회 모습을 비추는 거울이자 핵심적인 신화소神話素이다. 이들 가운데서도 특히 중요한 페르소나는 단연 미노타우로스이다. 그는 이야기상으로는 약속을 지키지 않은 미노스 왕의 처사에 화가 난 포세이돈이 내린 저주의 희생물이었다. 그러나 그는 미노스와 파시파에 같은 부모 세대의 도덕적이고 윤리적인 타락의 산물이었으며, 따라서 반드시 청산되어야 할 과거의 그림자였다. 물론 이 신화는 타락의 산물을 제거하는데, 그것은 매우 어려운 일이었지만 영웅 테세우스는 결연히 그 일을 수행하였고, 그에 의해서 과거의 그림자인 괴물 미노타우로스는 제거되었다. 비로소 그리스적 질서가 확립될 수 있게 된 것이다.

우리는 20세기 말과 21세기 초에 3,500년도 더 전에 미노스 궁의 라비린토스 속에서 살해된 '미노타우로스'를 다시 부활시켰다. 그가 바로 궁궐 속에 갇혀 있던 야수다. 그는 미녀 '벨'을 만나야 할 운명을 안고 태어났으며, 그렇기 때문에 마녀의 꼬임에 빠지지 않을 수 있었으나 그 대가로 벨이 아니면 풀 수 없는 저주를 받았다. 그 저주는 바로 왕자에서 야수로의 전락이었다. 그 마법은 기회가 되면 언제라도 풀 수 있는 무한의 시간이 아니라 반드시 정해진 시간 안에 풀어야 하는 것이었다. 물론 그 마법은 누구나 쉽게 풀 수 있는 것도 아니다. 그 시간은 장미꽃 한 송이가 다 지기 전까지이며, 꽃잎이 떨어지고 나면 마법은 영원히 풀 수가 없었다. 그러므로 야수는 흐르는 시간과 시들어 떨어지는 장미꽃을 마주해야 하는 끔찍한 형벌이자 고문을 곱으로 받고 있는 것이다.

여기서 잠시 야수의 모습을 살펴보면, 사자와 들소, 멧돼지, 고릴라, 곰 등의 특징들을 골고루 합성한 것이다. 디자이너인 글렌 킨Glen Keane은 야수의 이미지를 찾아내기 위하여 수차례 동물원을 방문하고 다양한 자료들을 검토하면서 구상하였다고 한다(그림 135). 그가 참고하고 차용한 동물 가운데서 사자나 들소, 멧돼지, 곰 등은 모두 석기 시대의 동굴벽

그림 135 **야수 에스키스**
(글렌 킨, 1991, dcinside.com 갤러리)

화에서 자주 등장하는 모티프들이자 신화 속의 중요한 조역들이다. 더욱이 이 가운데서 들소는 미노타우로스와 직결되는 동물이다. 실제로 '미노타우로스'라는 말은 '미노스의 소Bull of Minos, taur = Bull'라는 뜻을 지니고 있다. 애니메이션 가운데서는 야수의 기괴하고 무서운 모습이 형상화되어 있으나, 기본적인 구조는 소의 머리에 사람의 몸통이 결합된 모습이다.

3,500년도 더 전에 미노타우로스가 갇혀 있던 라비린토스처럼 야수가 살고 있는 궁궐도 절대 고독의 적막 속에 싸여 있는 지하의 세계冥界이자 빠져나올 수 없는 미궁과 같다. 그가 갇혀 있는 궁궐은 메소포타미아 신화 속의 두무지드Dumuzid(아카드 시대의 Tammuz)가 죽어서 도달한 에레슈키갈Ereshkigal(이난나의 자매)의 저승冥界과 같고, 이집트 신화 속의 오시리스Osiris가 동생 세트Set의 간계에 의해 산 채로 관 속에 봉인된 후 지하 세계의 입구를 전전하는 모습과 기본적으로는 같은 구조라고 할 수 있다. 두무지드를 구출하기 위

하여 죽음의 세계를 마다않고 저승의 문을 들어간 여신 이난나Inanna, Ishtar나 오시리스를 구하기 위하여 고난의 여행을 달게 받아들인 이시스Isis는 곡물의 신이자 동시에 사랑의 여신들이었다.

이렇듯 이들은 죽음의 계곡에 갇힌 사랑하는 이들을 대신하여 기꺼이 자신의 목숨을 바치는데, 이는 『미녀와 야수』에서 벨이 아버지를 대신하여 궁궐에 갇히는 것이나 죽음의 위기에 처한 야수를 구하기 위해 달려가는 모습과 같다. 벨이 야수의 닫힌 마음을 여는 것이나 이난나가 에레슈키갈의 비위를 맞추는 일, 이시스가 갖은 고생 끝에 멜콰르트 왕과 이스타테르 왕비의 왕궁에서 유모가 되는 일은 모두 시련을 견디면서 희망의 싹을 틔우는 일이다. 벨이 죽어가는 야수에게 사랑을 고백하고 또 서로가 사랑을 확인하는 순간, 야수는 저주가 풀리고 왕자의 본 모습을 되찾는데, 이는 물론 두무지드와 오시리스가 죽음에서 부활하는 것과 같은 것이다. 이시스가 죽은 오시리스의 얼굴에 입 맞추며 흐느끼는 모습이나 벨이 죽어가는 야수를 부둥켜안고 부르짖으며 흘리는 눈물은 성질상 동질의 것이다.

물론 『미녀와 야수』의 전체 줄거리와 핵심적인 페르소나, 즉 등장인물들의 성격 등이 3,500여 년 전 크레타 섬 미노스 궁에서 일어난 일과 백 퍼센트 일치할 수는 없고, 또 그것을 기대해서도 안 된다. 아테네의 왕자 테세우스가 미궁 라비린토스에서 미노타우로스를 죽이는 일은 낡은 질서를 상징적으로 혁파하는 일이었으며, 그에 의해서 메소포타미아를 비롯한 중근동 지방 에네올리트 시대의 정신 및 물질문화의 세계는 몰락하고, 그 순간을 출발점으로 삼아 그리스 중심의 새로운 질서가 확립된 것이다. 그러나 지난 20세기 말에 다시 소환했던 미노타우로스는 우리의 기억 속에 남아 있던 그리스적 도시 문화가 싹틀 무렵의 신화를 상기시켜 주었을 뿐, 그보다 더 이전의 이야기는 꺼내지도 않았다. 그러므로 우리에게 미노타우로스의 원형은 여전히 미스터리인 채로 남아 있다.

인간과 동물 사이에서 태어난 부족의 시조

'인간과 동물의 사랑'은 매우 오래된 신화 속에서 단골로 등장하는 모티프이다. 특히 동물 토템이 있는 민족의 신화 속에서는 동물과 인간의 사랑이 이야기의 구조상 언제나 핵심적인 자리를 차지하고 있기 때문에 뺄 수 없는 주제다. 그것은 크게 세 가지 그룹으로 묶을 수 있는데, 첫 번째는 인간의 여성이 동물의 수컷과 정을 통하고 낳은 아이가 해당 부족의 시조가 되는 경우이다. 두 번째는 동물의 암컷과 인간 남성 사이에서 태어난 아이가 해당 부족의 시조가 되는 경우다. 세 번째는 천상계의 신성한 존재와 지상계의 인간이 결합하여 태어난 자가 부족이 시조가 되는 경우다. 여기에 덧붙이고자 하는 것은 소수이기는 하지만 동물과 동물의 결합에 의한 민족 탄생의 신화도 있다는 점이다.

첫 번째 경우는 아무르 강변에 거주하는 나나이('골디'라고도 함)족의 '아크텐카Akhtenka' 신화를 비롯하여 아메리카 몬태나의 원주민 블랙풋족의 처녀와 들소와의 결혼, 그리고 고차庫車 흉노 선우의 공주와 수컷 늑대의 결혼 등을 들 수 있다. 두 번째는 오손烏孫 왕 곤막과 암컷 늑대, 투르크의 아사나阿史那 씨 사내아이와 암컷 늑대와의 결혼 등이 있다. 그리고 세 번째는 한국의 단군신화의 예처럼 하늘의 환웅과 곰에서 변한 웅녀 사이의 결합이나 몽골의 알란 고아Alan Goa의 밤손님, 그리고 흑해 북안의 스키타이족 뱀 여인과 제우스의 결혼 등이 있다. 동물과 동물의 결합의 예로는 『몽골비사』속에 등장하는 잿빛 푸른 늑대 '부르테 치노'와 흰 암사슴 '코아이 마랄'이 있다.

아무르 강변의 나나이족 시조 신화를 살펴보면, 나나이족 사냥꾼들이 사냥을 나갔다가 산속에서 어린 소녀를 발견하고, 잔심부름이라도 시키겠다고 마을로 데리고 와서 함께 살게 되었다. 시간이 지나고 소녀는 많이 자라서 성숙해졌는데, 어느 순간부터 사냥꾼들이 사냥을 마치고 집으로 돌아와 보면 호랑이가 마을에 어슬렁거리기 시작하였다. 하루는 사냥꾼들이 평소보다 일찍 마을로 돌아왔는데, 집에 도착하여 방문을 열자 호랑이가 소녀와 함께 잠자리를 하고 있었다. 호랑이가 서둘러 바깥으로 나가고, 소녀가 그동안 있었던 일들을 사냥꾼들에게 이야기해 주었다. 그에 따르면, 사냥꾼들이 사냥을 나간 어느 날 호랑이가 다가와서 사람의 말로 오늘부터 그녀가 자신의 색시라고 하였으며, 그때부터 잠자리를 하게 되었다는 것이다. 그 후 소녀가 아들을 낳았는데, 그가 나나이족의 시조 '아크텐카'이다.

두 번째는 동물의 암컷과 인간 남성 사이에서 아이가 태어나는 이야기가 있다. 대표적인 예로 투르크족 아사나 씨의 시조 신화를 들 수 있다. 이웃의 공격을 받아 일족이 모두 죽고 오직 열 살짜리 사내아이만 남았는데, 그때 적군의 병사가 아이를 차마 죽이지 못하고 발과 팔을 자른 후 풀밭에 버렸다. 그러자 암컷 늑대가 고기를 가져다 먹이면서 같이 살았는데, 그 소문을 듣고 이웃 국가에서 다시 병사를 보내 그를 죽이고, 곁에 있던 늑대도 죽이려 하자 신령한 힘이 암컷 늑대를 고창국 서북쪽 산에 있는 굴속으로 보냈다. 그곳에서 암컷 늑대는 열 명의 사내아이를 낳았는데, 그 가운데 하나가 '아사나'였다. 이들은 나중에 자신들이 늑대의 후손임을 알리는 '늑대머리기狼頭纛'를 황금으로 만들어 문 앞에 세웠다. 유사한 예로 어린 오손 왕 곤막을 들 수 있는데, 풀숲에 버려진 어린 곤막을 암늑대와 까마귀 등이 살뜰히 보살폈다는 이야기이다.

세 번째는 단군신화가 좋은 예이다. 잘 알고 있는 것처럼,

하늘에서 내려온 환웅이 신시에 도읍을 정하고 나라를 다스리기 시작하자, 곰과 호랑이가 사람이 되기를 원하였다. 환웅이 부과한 금기를 잘 지킨 곰은 곰 여자熊女가 되었고, 결혼하여 아이를 낳고자 간절히 기도하였다. 이에 환웅은 잠시 인간으로 모습으로 바꾼 다음 웅녀와 혼인하여 아이를 낳는데 그가 바로 단군이다. 이렇듯 천상계의 신성한 존재와 지상계의 인간 또는 동물의 결합에 의한 시조 탄생을 '천손강림' 신화라고 한다.

이러한 조상 기원 신화를 살펴보면, 동물과 인간이 결혼하여 특정 민족과 가계의 시조들이 탄생하였다는 이야기들을 자주 접할 수 있다. 나나이족처럼 인간의 여성이 동물과 결합하거나, 투르크족 아사나 씨처럼 동물의 암컷이 인간의 남성을 보살피고 결합하는 경우도 있고, 단군 신화 천상계의 신성한 존재와 지상계의 동물 또는 동물에서 변한 여성이 결혼하는 패턴도 있다. 아버지(부계)와 어머니(모계)가 모두 동물인 경우도 있는데, 이러한 점은 그만큼 동물과 인간의 관계가 가깝고 또 오래된 것이었음을 보여준다.

안셀 크루트가 그린 파시파에 왕비와 황소

앞에서 『미녀와 야수』에 등장하는 '야수'를 미노스의 미궁 라비린토스에 갇혀 있던 '미노타우로스'와 견주어 보았다. 그러면 신화 속에서 미노타우로스는 과연 어떤 모습을 하고 있었는지 다시 한 번 살펴보자. 일반적으로 미노타우로스는 인간의 몸통에 얼굴과 꼬리가 황소의 모습을 하고 있는 괴물이라고 전한다. 한편 상반신만 사람이고, 머리와 하반신은 황소라는 주장도 있다. 그렇지만 이러한 주장들이 미노타우로스의 기본적인 모습을 바꿀 정도로 크게 차이가 있는 것은 아니다. 미노타우로스의 가장 큰 특징은 소머리에 사람의 몸통이 결합된 것이다. 꼬리나 발굽 따위는 부분적인 속성들로, 미노타우로스의 특징을 결정짓는 데 큰 역할을 하지 않는다.

이미 언급하였듯이 미노타우로스의 어머니는 파시파에 왕

비이다. 그녀는 시어머니인 에우로페가 그랬던 것처럼 황소에 반하여 황소와 사랑을 나눈다. 그런데 이와 같은 비일상적이고 반상식적인 이야기는 문학은 물론이고 공간예술이나 시간예술의 주요 모티프가 된다. 황소와 파시파에의 사랑 이야기는 이후 수많은 미술가나 조각가들의 창작 활동에 영감을 불러 일으켰는데, 그것은 일반적으로 다이달로스가 정교하게 만든 암소의 몸속으로 파시파에가 들어가는 순간을 형상화한 것들이다(그림 134). 물론 그 옆에는 포세이돈의 눈같이 희고 잘생긴 황소가 서 있다.

그런데 그동안 이 주제를 놓고 그려져 오던 고전적인 방식들과는 획기적으로 다른, 그러면서도 너무나 직설적이고 적나라하게 형상화한 그림이 그려졌는데, 그것은 남아프리카의 안셀 크루트Ansel Krut가 그린 〈파시파에와 흰소Pasiphae and the Bull〉(1998)(그림 136)이다. 이 그림은 가로 23센티미터, 세로 28센티미터의 크지 않은 유화oil on copper 작품이다. 그림 속에는 황소 머리 가면을 둘러쓴 파시파에 왕비가 뒤돌아서서 그의 앞의 놓여 있는 가구 위에 두 손을 짚고 허리를 구부린 채 양다리를 벌린 모습을 취하고 있다. 그리고 그 옆에는 포세이돈이 보내준 눈같이 흰 소가 서 있다.

파시파에가 취하고 있는 자세는, 앞에서 살펴본 바 있는 쿠삭 동굴 속의 여인상(그림 117)과 기본적으로 같다. 둘 사이

그림 136 파시파에와 흰소(안셀 크루트, 1998)

의 차이는 머리가 사람인가 소인가, 또 다리를 벌리고 서 있는가 아닌가 뿐이다. 물론 쿠삭 동굴의 여인 형상이 그렇듯이 파시파에 왕비의 왼쪽 겨드랑이 아래에는 여인의 젖가슴이 표현되어 있다. 그녀의 생식기는 그 부분을 어두운 색으로 처리하여 구체적인 모습을 살필 수 없다. 그러니까 안셀 크루트는 파시파에의 생식기를 특별히 매혹적으로 표현한 셈인데, 어둡게 처리하여 보이지 않으면서도 있는 듯 느낄 수 있게 하였고, 또 불명료한 만큼 또 무한한 상상력을 펼치게 하였다.

그것뿐만 아니라 안셀 크루트의 이 그림은 우리들에게

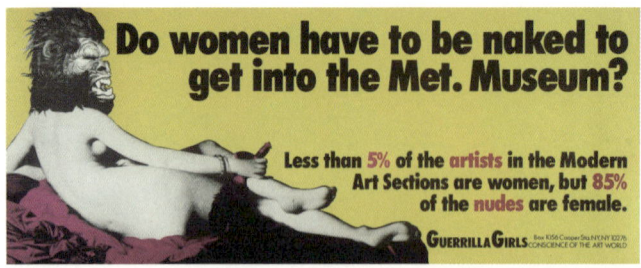

그림 137 패러디 오달리스크(게릴라 걸스, 1989)

그림 137-1 오달리스크(앵그르, 1814)

두 가지 다른 장면을 환기시켜 주었다. 하나는 '게릴라 걸스Guerrilla Girls'라는 페미니즘 여성 단체가 앵그르Jean-Auguste Dominique Ingres의 '오달리스크la Grand Odalisque'를 패러디하여 만든 광고물(그림 137)이다. 이 단체는 '여성은 벌거벗어야만 메트로폴리탄 미술관 입장이 가능한가?Do women have to be naked to get into the Met. Museum?'라는 슬로

건과 함께 메트로폴리탄미술관 전체에서 여성 현대 미술가의 작품이 5퍼센트 미만이라는 점과 누드화 중 85퍼센트가 여성임을 비꼬면서, 술탄의 하인인 오달리스크의 머리 대신에 고릴라 머리를 가져다 붙인 것이다.

다른 하나는 쇼베 동굴 속의 황소 머리와 여성의 하체가 같이 구성되어 있는 그림(그림 119)이다. 이 동굴벽화는 지금까지 알려진 것들 가운데서 가장 과학적으로 연구되었는데, 그 결과 3만 2,000년 전의 오리냐크기부터 솔뤼트레기의 두 차례에 걸쳐 제작되었으며, 이후 발견되기까지 사람의 발자국이 닿지 않은 동굴이라 판명되었다. 앞에서도 간략히 소개한 바 있지만, 이 동굴 속에는 현대 미술가의 어느 누구도 흉내 낼 수 없는 생명 예찬의 그림들이 그려져 있다. 그런데 다른 형상들에 비해 그동안 수수께끼에 싸인 채 궁금증만 자아낸 그림이 있었는데 그것은 바로 '소머리와 함께 그려진 여성의 하체' 그림이었다. 그것이 미노스 궁정에서 벌어진 파시파에 왕비와 황소의 정사 원형이었음을 안셀 크루트가 그린 〈파시파에와 흰소〉(그림 136)가 일깨워 준 것이다.

쇼베 동굴 속에는 이미 3만 년도 더 전인 오리냐크 시대에 '석기 시대의 파시파에'가 살고 있었던 것이다. 그녀는 포세이돈이 보내준 '눈처럼 하얗고 잘생긴 소'가 아니라 자연이 보내준 들소에 매료되어 스스로 들소의 머리를 둘러쓰고 거친 숨을 내쉬며 돌진하는 야생의 들소를 맞을 준비를 하고 있었던 것이다. 마치 아메리카 몬태나의 블랙풋족 아가씨가 들소에게 시집을 간 것처럼 '석기 시대의 파시파에'는 들소를 받아들였으며, 그 순간 동물과 인간이 함께 살 수 있는 공존의 마당을 만들 수 있었던 것이다.

석기 시대의
미노타우로스

 이제 그동안 미스터리로 남겨져 있었던 레 트루아 프레르 동굴의 '도상기록관^{圖像記錄館}'을 다시 둘러보고자 한다. 이 동굴은 높이 60센티미터 전후에 길이 45미터에 이르는 좁고 긴 굴을 몸을 비틀고 꿈틀거리며 고생을 해서 통과해야 비로소 큰 방으로 들어갈 수 있다고 한다. 이는 마치 태중의 아이가 태어나기 위해 통과해야 하는 출산 길^{産道}과 같고, 또 미노스 궁전의 미궁 라비린토스와 같이 한 번 들어가면 돌아 나올 수 없는 어렵고도 모험에 가득 찬 길이다. 캠벨은 레 트루아 프레르 동굴의 이 길을 "초월적인 우주의 어머니로부터 상징적으로 다시 태어나기 위해 그것을 지나 큰 방으로 들어가야만 했다"고 하였다. 그러므로 누군가 이 동굴에 들어가는 것은 모성에로의 회귀와 재탄생을 동시에 체험하는 것이고, 그 속에 들어간 자만이 원 신화 시대의 주술사들이 펼치는 신비로우면서도 황홀한 트랜스 상태, 즉 '카믈라니에kamlanie'를 목격할 수 있었던 것이다.

바로 그곳에서 우리는 미노타우로스의 원형들을 만날 수 있다. 이 석기 시대의 미노타우로스는 측면에서 바라본 모습인데, 머리에는 두 개의 끝이 날카로운 뿔과 동자 없는 둥근 눈, 앞발 중 하나는 굽이 갈라진 발굽이 있으며, 머리에서 등선을 거쳐 꼬리까지 소의 모습을 하고 있다. 그의 오른발은 땅바닥을 딛고 있고 있지만, 왼발은 무릎을 구부린 채 살짝 들고 있는 모습(그림 75)이다. 또한 턱 밑과 목젖 부위, 어깻죽지 등에는 잔털이 나 있다. 이 형상 중에서 특이한 것은 코와 입 부분에 길쭉한 모양의 불분명한 물체가 달려 있다. 이를 두고 초기의 연구자들은 악기를 연주한다거나, 피리와 같은 악기를 지니고 있는 모습, 또는 아프리카 토착 부족들의 활모양 악기와 같다는 등 다양한 의견을 내었다.

흥미로운 점은 이 형상 앞에 서 있는 두 마리의 초식동물인데, 이 역시 동자가 없는 휑한 눈을 하고 있다. 이들은 기본적으로 들소와 순록의 모습이나, 신체의 세부는 뜻밖에도 다른 동물의 특징을 보인다. 우선 앞에 그려진 순록 뿔이 달린 동물의 앞발은 순록이 아닌 오리발 모양이다. 그 뒤의 소뿔이 나 있는 동물은 고개를 뒤로 돌려 석기 시대의 미노타우로스를 바라보고 있다. 그런데 이 형상의 꼬리는 소의 것이 아니라 순록의 꼬리처럼 짧다. 더욱 흥미로운 점은 생식기를 동심원처럼 몇 겹의 작은 원으로 표현하였다는 점이다. 바로 이와 같은 생식기를 두고, 이 그림이 성적으로 흥분 상태에 있는 동물을 나타낸 것이라고 보기도 한다. 그야말로 원시의 '카믈라니에'가 최고조에 달한 모습이라 할 수 있다.

바로 옆에는 석기 시대 미노타우로스가 하나 더 그려져 있다(그림 76). 이 형상은 오른쪽 위로 향하여 대각선으로 배치되어 있는데, 머리는 뒤를 돌아보고 있다. 정수리 부근의 울룩불룩한 윤곽, 비록 미완성이지만 뿔의 당당한 밑동, 털이 많은 귀, 측면에서 바라본 큰 눈, 그리고 코와 입 등이 들소의 표정을 잘 보여준다. 또한 잘 발달한 어깨뼈肩胛骨 부위의 융기와 털, 두 개의 앞다리 등은 거칠면서도 힘센 들소의 모습을 한층 생동감 있게 만든다. 엉덩이를 뒤덮고 있는 꼬리, 사람의 대퇴부와 다리, 그리고 동물의 발굽, 거대한 생식기 등은 서로 어우러져서 신비로우면서도 불가사의한 느낌을 자아낸다. 특히 이 형상에서는 앞의 다른 환상적인 동물과는 달리, 커다란 눈에 눈동자를 분명히 표현해 놓았다.

거대한 생식기가 달린 이 석기 시대의 미노타우로스는 글렌 킨Glen Keane이 그린 야수의 에스키스(그림 135)를 떠올리게 한다. 분명히 이들 사이에는 건널 수 없는 시간 차이가 있었는데도, 글렌 킨의 에스키스에서 석기 시대의 미노타우로스를 떠올릴 수 있다는 것은 정말 아이러니가 아닐 수 없다. 그뿐만 아니라 미노스 궁의 라비린토스에 갇혀 있었던 미노타우로스의 진정한 원형이 어디에 있었는지 이제는 알 수 있게 되었다. 그것은 3,500여 년 전의 미케네인들이 창작한 신화가 아니었다. 그야말로 억겁의 세월 동안 사람들의 입에서 입으로 구전되어 오던 석기 시대 미노타우로스들과 그들이 '카믈라니에' 속에서 벌린 생생한 팬터마임이었던 것이다.

쇼베 동굴 속에 그려진 석기 시대 파시파에는 아무런 부끄러움 없이 그의 여성성을 드러내고 있다. 그가 둘러쓴 소머리 가면은 여성 미노타우로스의 모습(그림 119)을 구현하였다. 그것은 안셀 크루트가 그린 '파시파에와 흰소'(그림 136) 속의 파시파에 모습이나, '게릴라 걸스'가 패러디한 광고 그림 속 '고릴라 오달리스크'(그림 137)와 본질적으로 같다. 또한 레 트루아 프레르 동굴 속 순록 꼬리의 들소 형상이 보여준 동물의 생식기는, 다이달로스가 만든 암소와 그것을 다시 회화적으로 그린 그림들 가운데서 살필 수 있다. 여기서 한 가지 더 덧붙이고자 하는 것은 낮고 좁으며 또 구불구불한 길을 반드시 통과한 후에 볼 수 있는 레 트루아 프레르 동굴 속의 석기 시대의 미노타우로스들이나 쇼베 동굴의 파시파에 등이 진정한 의미에서 신화의 원형이라는 것이다.

⟨올랭피아⟩에 담긴 의미

'올림피아Olympia'라는 말에는 여러 가지 뜻이 있다. 그 가운데는 여자 이름도 있고, 고대 그리스에서 올림픽 경기가 열렸던 곳을 뜻하기도 한다. 또한 그리스의 펠로폰네소스 반도 서부 평원을 가리키는 말도 되고, 미국 워싱턴 주의 수도도 '올림피아'라고 한다. '올림피아'를 프랑스어로는 '올랭피아'라고 읽는다. 프랑스 인상주의의 거두 에두아르 마네Edouard Manet(1832~1883)가 남긴 여성 누드화 중에는 ⟨올랭피아⟩(그림 138)가 있다. 이 그림은 1865년에 살롱에 출품하였는데, 당시 세간에 큰 파문을 불러일으켰던 것으로 보인다. 그 이유는 그림 속 모델이 똑바로 눈을 뜨고 관람자를 바라본다는 것, 여신과 같은 이상적인 여인상이 아니라 모델의 실제 모습을 그린 것, 당시 파리라는 신흥 도시의 매춘부

그림 138 **올랭피아(마네)**

를 그린 것 등이다.

일설에는 사람들이 걸려 있는 마네의 그림을 지팡이나 우산 등으로 치는 일이 있어서 전시 중에 그림을 손길이 닿지 않는 높은 곳에 옮겨 걸기까지 하였다고 하니 당시의 전시장 분위기를 어느 정도 짐작할 수 있다. 그런데 그토록 비난을 받았던 만큼이나 사회적인 관심도 많이 받던 그림을 직접 보기 위해 전시장을 찾은 사람들도 적지 않았다는 이야기도 전해진다. 〈올랭피아〉의 모델은 빅도린 뫼랑Victorine Meureant(1844~1927)이었는데, 그녀는 16세부터 마네의 모델이 되어 마네가 그린 11점 속에 등장한다고 한다. 그중에서

〈풀밭 위의 식사The Luncheon on the Grass〉(1862~1863)와 함께 〈올랭피아〉는 마네의 대표작으로 꼽힌다.

그런데 마네가 그린 〈올랭피아〉는 19세기 중엽에 성행한 남녀 간의 성 풍속을 살피게 한다는 점에서 시사점이 많다. 우선 작품 이름부터가 매춘부와 관련되어 있다.[13] 뫼랑이 착용하고 있는 목걸이나 팔찌 등의 장신구도 당시 매춘부들이 일반적으로 사용하였던 것이다. 곁에 서 있는 하녀의 손에 들린 꽃다발은 손님이 도착하였음을 암시하며, 발끝에 꼬리를 치켜들고 있는 검은 고양이la chatte는 은어로 여성의 성기와 매춘을 뜻한다고 한다. 그러므로 이 그림은 파리 상류 세계에 사회적 문제로 심각하게 대두된 매춘의 단면을 적나라하게 폭로한 셈이다.

그림 속 올랭피아가 취하고 있는 모습을 살펴보면, 불그스름한 머리카락에 핑크색의 꽃을 꽂고 있고, 머리는 꼿꼿이 들고 정면을 응시하고 있다. 오른손은 허리께에, 왼손으로는 생식기를 가리고 있다. 왼발을 오른발 위에 살짝 얹고 있다. 두 개의 젖가슴은 그대로 드러내 놓았다. 올랭피아의 이와 같은 모습은 낯설거나 생경하지 않다. 프란시스코 고야의 '옷을 벗은 마야(1800)'(그림 139)나 티치아노의 '우르비노의 비너스Venus of Urbino(1538)'(그림 140), 그리고 조르조네의 '잠자는 비너스sleeping Venus(1510)'(그림 141) 등을 보면, 한 손으로

그림 139 옷을 벗은 마야(고야)

그림 140
우르비노의 비너스
(티치아노)

그림 141
잠자는 비너스
(조르조네)

팔베개를 하고 다른 손으로 생식기를 가리는 모습을 하고 있는데 이는 〈올랭피아〉의 모습과 유사하다.

그런데 16세기 초 조르조네부터 19세기의 마네에 이르기까지 여러 점의 비너스상들이 1만여 년 전에 마들렌 동굴의 오른쪽과 왼쪽 벽을 그린 인류 최고最古의 여인 누드 형상들과 별반 다르지 않다는 점도 알게 되었다. 이 여성 누드 형상들이 손으로 팔베개를 하였거나 허리춤 부근에 편안히 가져다 댄 모습, 무릎을 구부렸거나 다리를 펴서 서로 겹친 모양 등 손발의 위치에 차이가 있는 정도이다. 가장 큰 차이라면 석기 시대의 화가들은 여성의 생식기를 과감히 드러냈으나, 중세에서 근세로 이행하면서 손으로 생식기 부위를 가리고 있다는 점이다.

그런 중에 여성 누드화가 사회 현상의 부정적인 면을 고발하였고, 또 정치와 문화의 비뚤어진 현실을 비꼬고 희화화하는 데 여성 누드화의 패러디가 등장한 것도 새로운 현상이다.[14] 석기 시대의 인류가 지녔던 여성의 성 관념을 온전히 복원할 수 없는 현실적인 한계가 있기는 하지만, 조형 예술품들을 놓고 볼 때 남성보다도 여성이 더 적극적으로 그들의 성징을 드러내었음은 분명하다.

에필로그

여성상임을 보여주는 분명한 상징

중국의 조각가 머우보옌이 2005년에 제작한 〈목욕탕 – 나의 몸沐浴中心-我的肉〉(그림 142)은 목욕 후 침상에 누워서 휴식을 취하고 있는 남성 나체상이다. 이 작품은 오른팔은 팔베개를 하고 왼손은 젖가슴 부위에 올려놓고 있는데, 특히 엄지와 검지로 가슴살을 살짝 쥐고 있다. 배는 몹시 불러서 공처럼 둥글게 표현되어 있으며, 그에 비하면 손은 아주 작아 보인다. 이 남성 누드 조각상에도 분명히 젖가슴은 있다. 그러나 여성의 젖가슴과는 완전히 다르다. 양다리를 쩍 벌리고 편하게 누워 있는 남성의 모습을 형상화하였다. 작가는 남성의 생식기조차도 아무런 쑥스러움 없이 보여주면서 남성의 살찐 몸매를 적나라하게 드러내었다.

이 형상은 비록 남성을 형상화한 것이지만 취하고 있는 포즈와 부른 배 등이 석기 시대의 비너스상이나 마들렌 동굴 속에서 보았던 가장 오래된 여성 누드화의 모습 등을 연상시킨다. 한 손으로는 팔베개를 하고 있는 모습에 다른 팔로 배나 허리 등에 대고 있는 모습(그림 142) 등은 로셀의 '각배를

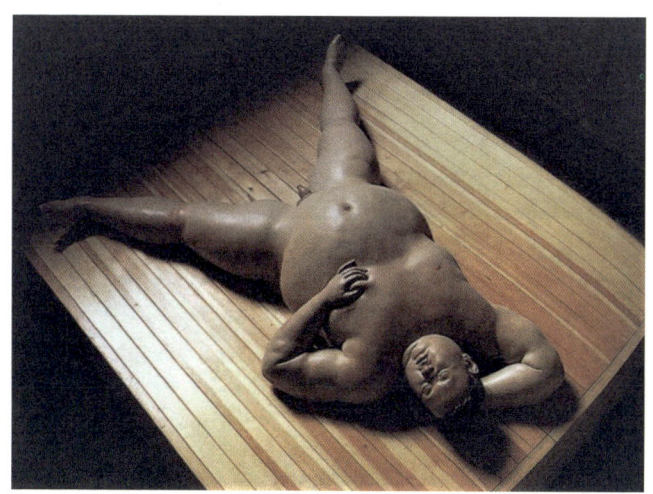

그림 142 **목욕탕-나의 몸**(머우보옌)

든 여신상'(그림 7)이나 마들렌 동굴의 여성 누드화(그림 114, 115), 그리고 심지어는 둥산쭈이에서 출토된 인체 토르소(그림 22)와 부분적으로 유사한 면이 있다. 특히 산처럼 불룩 솟아 있는 배는 빌렌도르프의 비너스(그림 3)를 비롯한 석기 시대의 비너스상들에 결코 뒤지지 않은 듯 보인다. 그리고 둥산쭈이의 인체 토르소와도 많이 닮았다.

어쩌면 이 작가는 마들렌 동굴 속에 한 손으로는 팔베개를 하고 다른 한 손은 허리춤에 대고 있는 여성 누드화가 그려져 있다는 걸 모를 수도 있다. 그러나 그가 조각가인 이상 '빌렌도르프의 비너스'를 포함하여 석기 시대 인류가 제작한 비너스상들이나 이후 끊임없이 제작된 풍요의 여신상들에 대해서는 알고 있었을 것이다. 어쩌면 둥산쭈이에서 배부른 사람 토르소가 출토되었다는 사실을 알고 있었을 수도 있고 모를 수도 있을 것이다. 그러나 그는 분명히 남자와 여자의 신체적 특징에 어떤 차이가 있는지는 확실히 알고 있었다고 여겨진다.

앞에서도 논한 바 있듯이 중국에서는 둥산쭈이 유적에서 출토된 인체 토르소를 '임신한 여인 형상孕婦像'이라고 하였다. 아마도 이 형상(그림 22)을 임신한 여인으로 본 것은 로셀의 '각배를 든 비너스'(그림 7)와 같이 왼쪽 손을 부른 배 위에 얹고 있고, 또 배가 몹시 부른 점 등이 고려되었을 것이다. 이 형상에서는 여성의 젖가슴이나 생식기 등은 보이지 않는다. 그럼에도 배가 부르다는 이유 때문에 이 형상을 임신한 여성 형상이라고 하였던 것이다. 그렇다면 만약에 머우보옌의 소조 작품 〈목욕탕 – 나의 몸〉 중 남성의 몸에서 생식기를 제거한다면, 이 또한 임신한 여성 형상이 되는 것인가?[15]

앞에서 우리는 적지 않은 비너스상들과 여성 토르소 등을 살펴보았다. 임신한 여성과 출산 중인 여성 형상들 그리고 그러한 여성 형상들이 시대에 따라서 배가 산처럼 부른 여성(그림 3)에서부터 이상적이며 균형 잡힌 비너스 형상(그림 8)을 비롯하여 터키, 키클라테스, 흑해 연안의 여러 지역에서 출토된 추상화된 여성 형상들까지 두루 살펴보았다. 또한 동굴 벽이나 바위그늘 등에 회화 형식으로 표현된 적지 않은 여성 형상들을 검토해 보았다. 그 과정에서 여성을 형상화한 경우에는 반드시 여성의 표징인 젖가슴과 생식기가 표현되었다는 점을 확인할 수 있었다. 여성인지 아닌지의 여부는 부른 배가 아니라 젖가슴과 생식기의 유무로 구분하였던 것이다.

임산부를 형상화한 경우도 마찬가지이다. 선사 및 고대 미술 가운데는 실제로 적지 않은 임산부 형상들이 그려져 있다. 임산부들은 특히 임신을 하였다고 추정되는 굽 동물(초식동물)들과 함께 구성되어 있으며, 관련 연구자들은 이와 같은 그림들이 동물의 다산과 풍요를 기원하는 의미를 지니고 있다고 한다. 그런데 그 속에 표현된 여성 형상에서 부른 배만큼이나 중요한 것이 젖가슴이었다. 취하고 있는 포즈, 예를 들어 뒷모습이라든가 옆에서 바라본 모습이어서 생식기를 나타낼 수 없는 경우에는 꼭 젖가슴이 그려져 있었다. 그것은 선택이 아니라 필수 요건이었던 것이다.

더구나 임신하여 출산이 임박한 여성에게서 중요한 성징 변화 중 하나는 젖가슴의 변화다. 출산을 앞둔 여성은 수유를 하여야 하기 때문에 자연스럽게 신체 변화가 따르게 되며, 그에 따라 젖가슴은 수유할 수 있도록 모양이 바뀌는 것이다. 그런데 둥산쭈이 유적에서 출토된 인체 토르소에서는 그처럼 중요한 젖가슴이 없다. 이러한 점을 놓고 볼 때 둥산쭈이의 배부른 사람 형상은 여성이 아니라 뚱뚱하고 배가 나온 남성을 표현한 것이다. 그동안 중국 학계는 기초 자료에 대한 이해가 부족했고, 그에 따라 그간 논의되어 온 임산부와 생육신, 여성 숭배, 대지모신 등의 담론들도 논리적인 근거가 부족하다고 할 수 있다.

재검토되어야 하는 뉴허량 여신상의 정체성

뉴허량의 여신 사당에서 출토된 얼굴 형상을 중국 학계에서는 거두절미 '여신상'이라고 하였다. 그것이 여성이라고 본 근거는 중심 방 가운데서 출토된 사람의 신체에 비해 세 배 정도 큰 젖가슴 파편이 나왔기 때문이다. 그런데 얼굴 형상은 지름 22.5센티미터, 세로 16.5센티미터 정도로 사람의 얼굴과 거의 같다. 그러므로 중심 방에서 나온 여성의 젖가슴 파편과 이 형상과는 직접적인 관련이 없다. 더욱이 이 얼굴 형상은 '여신 사당'이라고 하는 의례 중심지의 중심 방에서 벗어나 옆방의 벽면 가까이에 놓여 있었다. 그러므로 이 형상의 정체성을 설명해 줄 보조 자료는 아무것도 없는 셈이다.

선사나 고대 미술에는 신상과 관련한 불문율이 하나 있다. 그것은 '주대종소主大從小'이다. 다시 말하자면 주인공은 크고 그 밖의 것은 중요도에 따라 점점 작아진다. 그 좋은 예로 고

그림 143 **무덤의 주인(안악 3호분)**

구려 안악 3호분이나 덕흥리 고분 속 무덤 '주인'의 초상(그림 143)을 들 수 있다. 이 그림에서 보듯이 주인공은 중앙에 자리를 차지하며 정면을 바라본다. 그러나 나머지 사람들은 측면에서 바라본 모습이며, 또 주어진 신분과 역할에 따라 점차 작게 그려져 있다. 이와 같은 조형 규범은 아득한 석기 시대부터 이미 확립되어 있었다. 중요한 형상은 언제나 제일 중요한 자리의 중앙 또는 높은 곳에 배치하였으며, 다른 것들에 비해 적게는 두 배, 많게는 수십 배의 크기로 정성껏 그렸다.

카자흐스탄의 탐갈르이 암각화 속 성소 '알타르Altar'에는 태양신상들이 무려 여섯 개나 그려져 있다. 그것들은 모두 머리가 태양이고 몸통은 사람의 모양을 하고 있으며 바위 높은 곳에 일렬로 배치되어 있다. 이 태양신상들은 모두 머리에서 다양한 모양의 빛살들이 바깥으로 퍼져 나가는 모습이다. 그 아래에는 비교하기 어려울 정도로 작은 사람들이 한 줄로 늘어서서 춤을 추고 있다. 태양 숭배와 관련한 의례를 거행하는 장면으로 보면 될 것이다. 또한 닝샤후이족자치구의 허란산 암각화 유적에도 태양신(그림 98)이 그려져 있는데, 이 형상은 다른 것들에 비해 높은 곳에 크고 정성스럽게 그려져 있다. 이러한 예는 일일이 헤아리기 어려울 정도이다.

그러므로 뉴허량의 '여신 사당'처럼 중심이 아니라 옆방에서 문제의 형상이 출토되었다면, 그것은 기본적으로 다른 것들에 비할 때 덜 중요하다는 의미이다. 곧 그것은 주인공이 아니라 조연이다. 주대종소의 조형 규범에 맞춰 본다면, 이 얼굴 형상은 보조 가운데서도 서열이 아주 낮다고 할 수밖에 없다. 만약 중심 방에 신상이 있었다고 가정하면, 그와 그 주변에 보다 낮은 계급의 하위 신들이 포진해 있었을 것이기 때문이다. 마치 불교에서 대웅전에 본존불을 둘러싸고 좌우에 협시보살이 서 있는 모습과도 같다. 가장자리로 가면 오백나한이 뒷자리를 지키는데, 이 얼굴 형상은 그런 역할을 하고 있는 셈이다.

또한 보고서에 따르면 중심 방에는 사람의 실물대보다 무려 세 배나 큰 사람의 신체 부위 파편들이 나왔다고 하는데, 관례로 볼 때 그것을 신상으로 보는 것이 더 합리적이다. 중심에서 벗어나 있는 크지도 않은 형상을 두고, 그것이 유적을 대표하는 신상이라고 하는 것은 선사 및 고대 미술의 조형 규범을 놓고 보아도 부당하다. 게다가 이 형상에서 여성적인 특징을 찾아내기가 무척 어렵다. 여성성을 설명해 줄 보조 단서가 없기 때문이다. 게다가 이 형상은 일반적으로 알려진 여성스런 모습을 살필 수가 없다. 얼굴이 갸름하다든지 부드러운 모습조차도 보이지 않는다.

이 형상을 여성으로 본 것은 중국 학계의 과도한 억측이 작용한 것이다. 이런 연구에서는 누가 보더라도 납득할 수 있는 형태 해석이 선행되어야 하는데, 안타깝게도 여성성을 찾을 수 없으므로 이 형상을 남성으로 본다고 해도 아무도 반박할 수가 없다. 더군다나 신상으로서 갖추어야 할 기본적인 요건, 즉 위치와 크기, 묘사의 정밀도 등을 하나도 갖추지 못했다는 점도 지적할 수 있다. 따라서 이 형상을 여성으로 본 것은 바르지 않으며, 이 유적을 '여신 사당'이라고 보는 것도 마땅히 재검토되어야 한다.

여성과 어머니

오늘날의 중국에서는 여성을 의미하는 '女'자와 어머니를 나타내는 '母'자 사이에 무언가 관계가 있다고 생각하지 않지만, 당초에 두 글자(그림 144)는 거의 같은 의미를 지닌 것으로 여겼다고 한다. 두 글자는 모두 두 손을 가슴 앞에서 서로 교차시킨 채 바닥에 무릎을 꿇고 앉아 있는 모습이다. 두 글자의 구별은 가슴에 점을 찍어서 표시한 젖가슴이 있는가의 여부다. 앞으로 내민 팔이 순종을 표시한다거나 혹은 이와 같은 여자의 모습을 부엌에서 일을 하거나 아이를 보살피는 모습으로 간주하였다. 그와 같은 주장의 근거는 중국 여자들은 약 2,000~3,000년간 남성의 명령에 따라 굴종의 생활을 했으며, 그들의 생활 가운데서 유일한 실제 임무는 아이를 낳는 것이었다.

여자와 어머니를 나타내는 두 글자는 모두 갑골문 기록을 기반으로 하여 만들어진 것인데, 그것은 여성의 수동적이자 순종적인 몸짓과 함께 아이를 낳아서 기르는 어머니의 젖가슴을 중요한 표식으로 삼았다. 여성女과 어머니母의 차이를 젖가슴乳頭의 두 점으로 구분하였는데, 이는 어머니의 수유授乳 기관인 젖가슴을 추상적으로 상형화한 것이다. 이는 남성은 물론이고 출산의 경험이 없는 미혼 여성으로서는 경험할 수 없는 수유하는 어머니의 이미지를 글자 구성[結構]의 중요한 요

그림 144 어머니
(母, 林西莉, 2015)

그림 144-1 여자
(女, 林西莉, 2015)

소로 삼았음을 보여준다.

어머니와 관련하여 프로베니우스가 채록한 아비시니아 여인의 이야기는 이 장면에서 생각해 볼 가치가 있다. 그것은 다음과 같다.

… 여자는 임신을 한다. 어머니는 아이가 없는 여자와는 다른 사람이다. 그녀는 밤의 자국을 아홉 달 동안이나 자신의 몸속에서 유지한다. 무엇인가가 그녀의 몸속에서 자란다. 다시는 그녀에게서 떠나가지 않을 무언가가 그녀의 삶 속으로 들어온 것이다. 그녀는 어머니이다. 자식이 죽을지라도 어머니이고, 어머니로 남아 있다. … 남자들은 이러한 것을 이해하지 못한

다. 그들은 아무 것도 모른다. 남자는 사랑 이전과 이후, 어머니가 되기 이전과 이후의 차이를 알지 못한다. … 여자는 항상 처녀이고 항상 어머니이다. 사랑을 하기 전에는 항상 처녀이고, 사랑을 한 이후에는 항상 어머니이다.

태중에 아이를 품고 임산부와 출산의 산고를 겪은 후의 산모, 그리고 아기를 품에 안고 젖을 먹이는 어머니의 복잡 미묘한 감정을 직접 겪어 본 어머니들은 여성이 무엇인지 이야기할 수 있다. 그러므로 어머니는 아직 그와 같은 경험을 하지 못한 미혼의 여성과는 신체적으로나 본능적으로, 사회적으로 당연히 다른 사람이다. 또한 그와 같은 경험을 결코 할 수 없는 남성들은 여성의 신비로운 힘과 어머니로서의 강인함, 그리고 자애로운 마음을 제대로 이해할 수 없을 것이다. 그런데 여성이자 어머니의 그와 같은 복합적인 마음을 아비시니아의 여성은 명료하게 밝혀 주고 있다.

새로운 생명을 잉태하고 부활하는 여신

여성들은 보통 결혼하여 임신을 하고 자식을 낳으며, 그 아이를 가르치고 양육한다. 그러한 점은 석기 시대부터 바뀐 적이 없는 여성의 본능이었고, 따라서 아무도 가르쳐주지 않아도 되는 일이었다. 비단 아비시니아 여인뿐만 아니라 모든 여성이 그렇다. 그 여성의 힘, 무려 아홉 달이나 아이를 태중에 품었다가 출산하는 여성을 석기 시대의 사람들은 존귀하게 여겼고, 숭배했던 것으로 보인다. 그 증거가 바로 석기 시대의 비너스상들이다. 그 상들은 얼굴의 아름다움 따위를 보이지 않았다. 그것은 어머니였다. 거기에는 아이를 낳고 기른 나이 많은 어머니들이 주로 표현되어 있었다. 어머니의 젖가슴과 자궁을 중요시하였다. 자식을 품어준 배였고, 안아서 길러준 포근한 가슴이었던 것이다. 그 어머니의 출산 능력이 농경사회에 접어들면서 대지의 이미지와 부합하였고, 어머니는 다시 대지모신으로 재탄생하게 된 것이다.

어머니의 출산력과 대지의 생산력이 동질의 것으로 읽히는 순간 석기 시대의 어머니는 생육신으로 탈바꿈하였다. 그리하여 이난나와 이시스, 그리고 아르테미스와 같은 여신들이 등장한 것이다. 이들은 모두 신들의 사랑을 이야기하지만, 그 속에 깃들어 있는 메타포는 태양의 주기와 계절의 순환에 관한 것들이다. 『미녀와 야수』에서 벨은 이난나가 남편 두무지드를 구하기 위하여 에레슈키갈이 지키는 지하의 세계로 여행을 떠난 것처럼 성에 갇힌 왕자를 구하기 위해서 위험을 마다하지 않는다. 그 성은 에레슈키갈이 지키는 저승이고, 미노타우로스가 갇혀 있던 라비린토스이다. 그러므로 미녀 '벨'이 들어간 궁궐은 죽음의 세계였고, 들어가면 다시 돌아오지 못하는 '라비린토스'였던 것이다. 그러나 그 죽음의 세계에 갇혀 있던 두무지드와 오시리스도 이난나와 이시스의 사랑으로 부활하였듯이, 야수도 벨에 의해 부활하였던 것이다. 그러므로 '벨'은 여성이면서도 죽음의 세계를 삶의 세계로 부활시킨 여신이기도 하다.

그렇다. 여신은 생명을 잉태할 뿐만 아니라 낳고 기른다. 또한 새로운 생명을 얻기 위하여 혹은 죽은 자의 부활을 위하여 스스로 지하 세계 문을 넘고 저승의 세계로 들어가서 죽은 이를 부활시킬 뿐만 아니라 새로운 생명과 희망의 씨앗을 품고 스스로 부활하는 존재였다.

미주

1 중국은 최근에 '애국주의'적 텔레비전 드라마를 반복적으로 보여 주고 있는데, 그중에서 〈最美麗的青春〉이나 〈黃土高天〉 등이 대표적인 예라고 할 수 있다. 이러한 드라마의 주요 내용은 북방 사막이나 황토지대를 끈질긴 인간의 의지로 개발하여 삼림지대로 만들거나 가난하기 그지없던 황토지대를 현대적 농업생산기지로 탈바꿈시키는 것이다.

2 러시아에서 친분이 있던 어느 교수의 남편이 인도로 교환 교수로 갔다가 반년 만에 되돌아왔다고 하여, 그 이유를 물었더니 기후 때문에 몸이 아파서 어쩔 수 없었다는 것이었다. 그와 유사한 이야기를 중국의 푸젠성(福建省)에 살고 있는 한 젊은이에게서도 들을 수 있었는데, 그는 베이징(北京)에 사업 분점을 내고 근무하였으나, 역시 환경과 기후 때문에 6개월이 못 되어 되돌아왔다. 이유는 건강 악화 문제였다.

3 이 내용만 보면 얼굴 소상이 이들과 같이 뒤섞여 있어서 마치 젖가슴과 관련된 소조상의 머리인 듯 보인다. 그러나 얼굴은 이 신체 파편들과는 완전히 무관한 옆방의 벽 근처에서 수습된 것이다.

4 로셀의 '각배를 든 비너스'(그림 7)는 높이가 46센티미터에 이른다. 이 비너스상은 환조가 아니라 석회암 덩어리에 새겨져 있는 부조다.

5 말타 유적에서는 모두 23개의 비너스상이 출토되었는데, 그중에서 14개의 얼굴에 눈·코·입 등이 표현되어 있었으며, 이것이 그 밖의 지역에서 출토된 비너스상들과 다른 점이다.

6 중앙아시아 지역의 초원에 높이 5~20미터, 길이 10~100미터 정도의 언덕을 이르는 말이며, 이들을 튜베·도보·톳바·토페 등으로도 부른다. 이는 일찍부터 이 지역에 흙집을 짓고 살던 사람들이 반복해서 집을 짓고 살아온 흔적이라고 한다.

7 라스타파이안 운동의 상징으로, 땋아 내리거나 헝클어뜨린 머리 모양을 한 사람을 일컬음.
8 '안트로포모르프(антропоморф)'를 '인간의 모습을 한 동물 또는 그 반대'라고 정의하며, 그 예로 미노타우로스나 켄타우로스를 든다.
9 이 동굴은 2000년 9월 30일에 아마추어 동굴학자인 마크 들뤼크(Marc Delluc)에 의해 발견되었고, 2000년 12월 8일에 프랑스 문화부에서 구석기 시대의 동굴벽화 유적으로 공식적으로 발표되었으며, 연구와 조사를 위해서 현재는 출입이 금지되어 있다. 15미터 정도의 수평으로 이뤄진 그랜드 패널에는 말과 들소 등과 함께 인상적인 여성 형상 등 20개 이상의 형상들이 확인되었다.
10 'Demeter'는 땅의 의미하는 'de'와 어머니를 뜻하는 'meter'가 합성된 말이다. 따라서 이 말은 글자 그대로 '대지의 어머니', 즉 '대지모신'이다.
11 이 점은 세계의 어느 신들도 마찬가지이다. 사람은 스스로의 의지로 절대 신을 볼 수 없지만, 신이 은혜를 베풀어주면 볼 수 있는데, 그것도 대개는 목소리나 불 또는 빛살의 모습이다.
12 잔 마리 르 프랭스 드 보몽도 1740년에 가브리엘 수잔 바르보 드 빌레느브(Gabrielle-Suzanne Barbot de Villeneuve)의 소설을 요약하여 재출간한 것이다.
13 알렉산드르 뒤마(Alexandre Dumas Pere, 1802~1870)의 『춘희(椿姬)』(1848) 속에 등장하는 매춘부 이름도 '올랭프(Olympe)'라고 한다. 당시에 파리에는 약 12만 명의 매춘부가 있었다고도 한다.

14 앵그르의 〈오달리스크〉로 메트로폴리탄 미술관을 풍자한 것이나, 〈올랭피아〉로 한국 정치 지도자를 풍자한 〈더러운 잠〉 등은 비슷한 부류라 할 수 있다.
15 작가 머우보옌과 그의 작품 〈목욕탕-나의 몸〉을 욕보이기 위함이 아니라는 점을 분명히 밝힌다. 진품은 못 보았지만 이 작품을 통해서 목욕 후의 욕실 속에서 볼 수 있는 리얼리티와 함께 피곤에 젖은 현대인들의 잠깐 동안의 휴식 등 여러 가지 면에서 공감을 하였고, 또 한편으로는 그 익살스러운 몸짓에 마음속에서 우러나는 기쁨을 맛보았다

그림목록

그림 1	쿠르듀크 양
그림 2	양고기 비계
그림 3	빌렌도르프의 비너스 (오스트리아)
그림 4	물을 건너는 사슴 (라스코 동굴)
그림 5	소 (알타미라 동굴)
그림 6	말 (콤마르크 동굴)
그림 7	각배를 든 비너스 (로셀, 프랑스)
그림 8	밀로의 비너스
그림 9	돌니 베스토니체의 비너스 (체코)
그림 10	인체 (자코메티)
그림 11	새 (브랑쿠시)
그림 12	인면 청동상 (싼싱두이, 고촉 문화, 기원전 2800~1000)
그림 13	장건 출행서역도 (중국국가박물관, 대미아세아전 중)
그림 14	말 (수로투 타쉬, 키르기스스탄, 청동기)
그림 15	아이를 낳고 있는 여신 (차탈휘위크, 터키)
그림 16	여신상 (비르, 파키스탄)
그림 17	여신상 (얄랑가치 데페, 투르크메니스탄, 에르미타주 박물관)
그림 18	여신상 (키클라테스)
그림 19	얼굴 (차이자핑, 중국, 신석기)
그림 20	동물형 도기 (신석기)
그림 21	사람머리채색도병 (친안다디완, 신석기)
그림 22	인체 토르소 (둥산쭈이, 신석기)
그림 23	얼굴 소조 (뉴허량, 신석기)
그림 24	얼굴 두상 (가오쓰터우)
그림 25	얼굴 문양의 청동 방정 (상대 후기, 라쩌허우, 2014)
그림 26	병마용 (진시황 병마갱)
그림 27	뉴허량박물관 '여신상'의 이미테이션
그림 28	뉴허량박물관 전경
그림 29	뉴허량박물관 적석총
그림 30	사우투올라 후작
그림 31	마리아 사우투올라
그림 32	반수반인 (산족, 아프리카)
그림 33	여성
그림 34	동물과 임산부 (로주리 바스)
그림 34-1	사람과 동물 (뼈 선각)

그림 35	군무(델라아우라, 시칠리아)	그림 56	순록 떼(스타라야 잘라브루가)
그림 36	주술사(레 트루아 프레르 동굴)	그림 57	샤먼과 십자가(베소프 노스)
그림 37	반조인(라스코 동굴)	그림 58	백조(베소프 노스)
그림 38	남성 부조(로셀 바위그늘)	그림 59	기린(타실리나제르)
그림 39	배(梨) 비너스 (브라상푸이, S.Giedion, 1968)	그림 60	정령(안방방, 오스트레일리아)
그림 40	꼭두 인형(그리말디)	그림 61	사슴(후렝우주르 하단 올, 몽골)
그림 41	브라상푸이의 아가씨 (브라상푸이)	그림 62	군무(화샨, 광시좡족자치구)
그림 42	비너스(홀레 펠스, 독일)	그림 63	허란산 암각화 (닝샤후이족자치구)
그림 43	비너스(사비냐노)	그림 64	쥐쯔산 암각화(우하이 시)
그림 44	음란한 비너스(로주리 바스)	그림 65	고래(대곡리, 울산)
그림 45	치레걸이를 한 비너스 (코스텐키)	그림 66	포경 장면(대곡리, 울산)
그림 46	비너스(말타)	그림 67	소(막달렌 동굴)
그림 47	비너스(레스퓨그)	그림 68	순록과 연어(로드)
그림 48	비너스(가가리노)	그림 69	브라상푸이의 아가씨 옆모습
그림 49	비너스 분석 (앙드레 루루아 구랑, 1985)	그림 70	비너스 15(돌니 베스토니체)
그림 50	모신상(기원전 9000~7000, 아나톨리 문명박물관, 터키)	그림 71	마스크(돌니 베스토니체)
		그림 72	곰(콜롬비에르)
그림 51	꿀벌형 비너스	그림 73	반수반인(알타미라 동굴)
그림 52	바이올린형 비너스	그림 74	반수인(가비유 동굴)
그림 53	여인상(신암리, 울산, 국립중앙 박물관)	그림 75	반수인과 환상의 동물 (레 트루아 프레르 동굴)
		그림 76	반수인(레 트루아 프레르 동굴)
그림 54	말떼(쇼베 동굴)	그림 77	반수인(카포바야 동굴)
그림 55	수소의 방(라스코 동굴)	그림 78	성성이(덕흥리)

그림 79	샤먼(퉁구스, 비트센, 1705)	그림 96	원숭이 얼굴(허란산)
그림 80	안트로포모르프(뼈)	그림 97	꽃 장식 얼굴(허란산)
그림 81	이미지 살해(레우토바 M.A, 아프라시압, 우즈베키스탄)	그림 98	태양신상(허란산)
		그림 99	태양신상(줘쯔산)
그림 82	동물 가장을 한 사냥꾼 (카자흐스탄)	그림 100	소(줘쯔산)
그림 83	성교(리비아 타드라르트아카쿠스 틴랄란, E. 아나티, 2008)	그림 101	발자국(줘쯔산)
		그림 102	태양신상(줘쯔산)
그림 84-1	성소(탐갈르이)	그림 103	통나무집 마을(바야르스카야)
그림 84-2	성소(탐갈르이)	그림 104	사냥꾼과 산양(슐렉크스카야, 시베리아)
그림 85	얼굴(점말용굴 출토, 손보기)	그림 105	환상의 동물(살라비요프스카야, 러시아)
그림 86	정령(콩바렐)		
그림 87	정령(알타미라 동굴)	그림 105-1	환상의 동물
그림 88	정령(라 꼬쉬 꼬따)	그림 106	얼굴 마스크(살라비요프스카야)
그림 89	악마의 얼굴(시카치 알랸)	그림 107	말발굽(오로신, 몽골)
그림 90	불꽃형 얼굴(시카치 알랸)	그림 108	신상(후르차흐 홀)
그림 91	빛살형 얼굴(부분. 시카치 알랸, 러시아)	그림 109	신상(셰레메티에보)
		그림 110	셰레메티에보 유적(얼굴 형상 근처의 뱀)
그림 91-1	빛살형 얼굴(셰레메티에보, 우수리, 러시아)		
그림 91-2	빛살형 얼굴(셰레메티에보, 우수리, 러시아)	그림 110-1	셰레메티에보 유적(우수리, 러시아)
그림 92	얼굴(허란산)	그림 111	기도하는 사람(사이말르이 타쉬)
그림 93	얼굴 속 동물 가면(허란산)	그림 112	얼굴(대곡리 암각화)
그림 94	안테나가 난 얼굴(허란산)	그림 113	천전리 암각화
그림 95	줄이 달린 얼굴(허란산)	그림 113-1	얼굴(부분, 천전리, 울산)

그림 114	누드(마들렌 동굴)
그림 115	누드(마들렌 동굴, 오른쪽 벽)
그림 116	출산(가비유 동굴, 김부타스)
그림 117	쿠삭의 비너스(쿠삭 동굴)
그림 118	여성 군상(로코소르시에 바위 그늘)
그림 119	소머리 여성 하체(쇼베 동굴)
그림 120	머리 없는 사람(cougnac cave)
그림 121	천문대의 시간에. 연인들(만 레이, 1934)
그림 122	남자와 여자(콩바렐)
그림 122-1	남자와 여자 형상 도면
그림 123	봄(산드로 보티첼리, 1478)
그림 124	여인상(루스. 불가리아, 기원전 5000, 마리야 김부타스, 2016)
그림 125	여인상(몰도바)
그림 126	여성 생식기 기호(라 페라시)
그림 127	여성 생식기 기호(라 페라시)
그림 128	여성 생식기 기호(라 페라시)
그림 128-1	여성기
그림 129	여성 생식기 기호(라 페라시)
그림 130	여성 생식기 기호(칠포리)
그림 131	여성 생식기 기호(금장대)
그림 132	여성 생식기(영국사, 영동)
그림 133	남녀 생식기 기호(A.Leroi-Gourhan, 1985)
그림 134	파시파에와 황소(프레스코화, 폼페이, 1세기, 나폴리국립고고학박물관)
그림 135	야수 에스키스(글렌 킨, 1991, dcinside.com 갤러리)
그림 136	파시파에와 흰소(안셀 크루트, 1998)
그림 137	패러디 오달리스크(게릴라 걸스, 1989)
그림 137-1	오달리스크(앵그르, 1814)
그림 138	올랭피아(마네)
그림 139	옷을 벗은 마야(고야)
그림 140	우르비노의 비너스(티치아노)
그림 141	잠자는 비너스(조르조네)
그림 142	목욕탕-나의 몸(머우보옌)
그림 143	무덤의 주인(안악 3호분)
그림 144	어머니(母, 林西莉, 2015)
그림 144-1	여자(女, 林西莉, 2015)

참고문헌

동북아역사재단 편(2010), 『북사 외국전 역주』 하, 동북아역사재단.
동북아역사재단(2007), 러시아과학아카데미 물질문화사연구소, 『중앙아시아의 바위그림』, 동북아역사재단.
동북아역사재단(2008), 몽골과학아카데미 고고학연구소, 『몽골 고비알타이의 암각화』, 동북아역사재단.
동북아역사재단(2009), 몽골과학아카데미 고고학연구소, 『몽골 중서부 지역의 암각화』, 동북아역사재단.
동북아역사재단(2010), 카자흐스탄 교육과학부 마르굴란 기념 고고학연구소, 『카자흐스탄의 바위그림』, 동북아역사재단.
동북아역사재단(2011), 국립키르기스스탄대학교, 『키르기스스탄 남부지역의 암각화』, 동북아역사재단.

마리야 김부타스 지음, 고혜경 옮김(2016), 『여신의 언어』, 한겨레출판.
미르치아 엘리아데 지음, 이재실 옮김(1999), 『대장장이와 연금술사』, 문학동네.
신성림 지음(2005), 『여자의 몸』, 시공사.
요코야마 유지 지음, 장석호 옮김(2005), 『선사 예술 기행』, 사계절.
이브 엔슬러 지음, 이은정 옮김(2005), 『굿 바디』, 웅진지식하우스.
제레미 테일러 지음, 이정규 옮김(2009), 『살아 있는 미로』, 동연.
조지프 캠벨 지음, 구학서 옮김(2016), 『여신들』, 청아출판사.
조지프 캠벨, 이진구 옮김(2013), 『신의 가면 1 원시가면』, 까치.
최준식 외(2010), 『한국 문화는 중국 문화의 아류인가』, 소나무.
토머스 불핀치 지음, 김명희 옮김(1993), 『그리스 로마 신화』, 하서.3

國家文物局(2011),中華人民共和國科學技術部,遼寧省人民政府 編,『遼河尋根 文明溯源 中華文明起源展』, 文物出版社.

孫振華 著(2018),『中國當代彫塑史』, 中國青年出版社.

肇文兵 著(2010),『中國雕塑』, 五洲傳播出版社.

王震中 著(2016),『中國文明起源的比較研究』(增訂本), 中國社會科學出版社.

李松 著(2014),『先秦至兩漢』, 中國人民大學出版社.

陳醉 著(2016),『裸體藝術論』, 人民美術出版社.

韓建業 著(2018),『早期中國』, 上海古籍出版社.

(東漢) 許愼 原著, 北京聯合出版公司 編輯部/編著(2014),『畵說漢字』, 北京聯合出版公司.

(瑞典) 林西莉 著, 李之義 譯,『漢字王國』(2015), 人民美術出版社.

David Lewis-Williams(2014), *The Mind in the Cave*, Thames & Hudson.

Kalyan Kumar Chakravarty(1997), Robert G. Bednarik, *Indian Rock Art and Its Global Context*, Narendra Prakash Jain.

Sous la direction de JEAN CLOTTES(2010), *LA GROTTE CHAUVET*, SEUIL.

J.Maringer(1956), *Vorgeschichtliche Religion*, *Einsiedeln*(Tr. from the Dutch, De Godsdienst der praehistorie, 1952. Cf. English tr. by Mary Ilford: The Gods of Prehistoric Man, London, 1960).

Leo Frobenius(1924), *Der Kopf als Schicksal*(Munich), p.88; Carl Kerenyi, "Kore", C.G.Jung & Carl Kerenyi(1949), *Essays on a Science of Mythology*(New York: Pantheons Books, The Bollingen Series ⅩⅫ.

Rinne Eisler(1995), *Sacred Pleasure: Sex, Myth and the politics of the body*, Harper collins publishers, Inc, NY.

S. ギーディオン, 江上波夫・木村重信 譯(1968),『永遠の現在: 美術の起源』, 東京大學出版會.

アンドレ・ルロワ=グラン(1985), 對話者: クロド=アンリ・ロケ, 藏持不三也譯,

『世界の根源』, 言叢社.

장석호 지음(2017), 『이미지의 마력』, 역사공간.
장석호(2010), 「이미지 살해」, 『역사민속학』 34호, 역사민속학회.
장석호(2013), 「요하 유역 출토의 소위 '여신상'에 대하여」, 『만주이야기』, 동북아역사재단.
장석호(2014), 「선사 및 고대 미술 속의 하이브리드 형상 연구」, 『중앙아시아연구』 제19-1, 중앙아시아학회.

https://www.donsmaps.com/dolnihtml. Dolni Vestoniche homepage.
https://kraeved1147.ru/peshhera-pech-merle.

『충청매일』(2019. 9. 29), 「누드로 그려야 여성이 쉽게 들어갈 수 있는 미술관」.

찾아보기

ㄱ

가가리노 Gagarino 25, 91, 93, 100, 101

가비유 동굴 132, 133, 176, 177

가오쓰터우 高寺頭 51

가이 포커스 데이 Guy Fawkes Day 140

각배를 든 비너스(로셀의 비너스) 25, 26, 72, 86, 87, 100, 103, 191, 234, 236

갑골문 242

개구리 왕자 The Frog Prince 205

그라베트 문화기 24, 25, 87, 92, 99, 102, 105, 110

그리말디 동굴 88

글렌 킨 Glen Keane 211, 227, 228

금기 39, 129, 137, 139, 140, 143, 144, 218

금장대 암각화 193, 194

꼭두 인형 88, 89, 93, 95, 97, 98

ㄴ

나나이족 시조 신화 216

나마즈가 테페 Namazga tepe 108

남성 기호 200

뉴허량 牛河梁 32, 35, 46, 50, 58, 62, 65~67, 238, 240

닝리 寧厲 52

ㄷ

단군신화 216, 217

대곡리 암각화 118, 122, 123, 167, 168

대지모신 27, 56, 68, 72, 108, 238, 245

덕흥리 고분 135, 136, 239

돌니 베스토니체 Dolni Vestonice 25, 29, 125, 129

돌 서클 石圓圈 61

둥산쭈이 東山嘴 32, 35, 46, 50, 54, 57, 58, 61, 62, 68, 69, 72~74, 235~238

ㄹ

라 로쉬 꼬따 동굴 148

라린드-괴네스도르프 전통 Lalinde-Gönnersdorf tradition 84

257

라비린토스 34, 209~212, 219, 225, 228, 246

라스코 동굴 21, 83, 85, 115, 132, 176

라 페라시 동굴 191~193, 195

장 가스통 랄랑느 Jean Gaston Lalanne 86, 100

레스퓨그의 비너스 90, 93, 95~98, 103

레 트루아 프레르 동굴 35, 84, 115, 133, 134, 136, 148, 183, 225, 228

로버트 존 브레이드우드 Robert John Braidwood 105

로코소르시에 바위그늘 178, 179, 181, 182, 195

루이스 알렉산드르 줄리앙 Louis Alexandre Jullien 88

루카 파치올리 Luca Pacioli 28

ㅁ

마들렌 동굴 172, 173, 178, 181, 182, 195, 233~235

마들렌 문화기 78, 99, 105

마르셀리노 산즈 데 사우투올라 Marselino Sanz de Sautuola 76~78

마리아 산즈 데 사우투올라 Maria Sanz de Sautuola 76, 77

마리야 김부타스 Marija Gimbutas 103, 104, 107, 176, 177, 199

막고굴 莫高窟 65

막달렌 동굴 123

말타 Malta 24, 91, 92, 96

머우보옌 牟柏岩 35, 234~236

메트로폴리탄미술관 222, 223

모계사회 68

모신 숭배 57, 104

모헨조 다로 Mohenjo-Daro 46

목욕탕-나의 몸 35, 234~236

미녀와 야수 Beauty and The Beast 34, 205, 213, 219, 245

미노타우로스 Minotauros 34, 133, 208~212, 214, 219, 226~228

미르체아 엘리아데 Mircea Eliade 199

밀로의 비너스 28

ㅂ

바딤 미하일로비치 마송 Vadim Mikhailovich Masson 109

바야르스카야 161, 163

바위구멍 193

반수반인 34, 81, 133

배(梨) 비너스 88, 94, 95, 98

백설 공주 The Snow White 205

버다스트라 Vădastra 107

베르나르 뷔페 Bernard Buffet 102

베사크 M.Bessac 172, 174, 175

베소프 노스 암각화 116, 117

병마용갱 32, 52, 53, 65

부동산 예술 art pariétal 94

부레트 Buret 24, 91, 92

브라상푸이 Brassempouy 23, 88, 90, 99, 124, 125, 128, 142, 183

콘스탄틴 브랑쿠시 Constantin Brancusi 30, 31

비트센 N.C.Witsen 136

빅토린 뫼랑 Victorine Meurent 230, 231

빌렌도르프의 비너스 18, 19, 21, 25, 29, 46, 56, 68, 72, 93, 95, 97, 98, 103, 128, 235

ㅅ

사비냐노 Savignano 90, 91, 93~95, 97, 98

사이말르이 타쉬 Saimal'i Tash 165, 167

살라비요프스카야 161, 163, 164

살라볼리노 161

성성이 猩猩之象 135, 136

셰레메티에보 Sheremet'ego 51, 153, 162, 166

솔뤼트레 문화기 78, 99, 105, 223

쇼베 동굴 114, 115, 179~182, 223, 228

술렉크스스카야 161, 163

스바비안 유라 Swabian Jura 24, 91

스타라야 잘라브루가 암각화 117

시카치 알랸 Sikachi-Alyan 51, 151~153, 162

신화소 神話素 210

실크로드 44

싼싱두이 三星堆 33, 52

쑤빙치 蘇秉琦 68

ㅇ

아글라흐트이 161

아크텐카 신화 216, 217

안방방 바위그림 118

안셀 크루트 Ansel Krut 35, 220, 221, 223, 228

안트로포모르프 137, 138

알베르토 자코메티 Alberto Giacometti 29, 30

알타르 altar(성소) 165, 240

알타미라 동굴 22, 76, 77, 78, 116, 176

알틴 테페Altyn Tepe 108, 109

앙드레 르루아 구랑André Leroi-Gourhan 99, 101, 102, 200, 201

얄랑가치 데페Yalangach Depe 46, 47, 108, 110, 187

양사오 문화기 49

어란상魚卵狀 20

얼굴-가면 33, 144~147, 150~154, 159~162, 168, 169

에네올리트 시대 214

에두아르 라르테Edouar Lartet 172

에두아르 루이스 스타니슬라스 피에트Edouard Louis Stanislas Piette 90, 94, 99

에두아르 마네Edouard Manet 229, 230, 233

에른스트 한스 곰브리치Ernst Hans Gombrich 140

여성 기호 191, 193, 200

여성 생식기 174, 175, 182, 190, 192, 194, 195, 197, 233

여신 사당女神廟 54, 58~60, 62, 64~67, 70, 238, 240, 241

오달리스크la Grand Odalisque 222

오리냐크 문화기 19, 20, 24, 25, 92, 98, 99, 110, 187, 223

오브스 아이막 후렝 우주르 하단 올암각화 118, 119

오쿠네보 시대 162

올랭피아 229~233

올린도 잠벨리Olindo Zambelli 91

요세프 촘바티Josef Szombarthy 19

우르비노의 비너스 231, 232

음란한 비너스 94, 95, 97, 99

이난나Inanna 213, 245, 246

이미지 살해 141

이시스Isis 213, 245, 246

인간과 동물의 사랑 215

일긴리 테페Ilgynly Tepe 109

일대일로一帶一路 41 44

ㅈ

자궁 199, 200

자라이스키Zaraisky 24, 91

자오사오구召燒溝 159

잔 마리 르 프랭스 드 보몽Jeanne-Marie Le Prince de Beaumont 206

장 오귀스트 도미니크 앵그르Jean-Auguste Dominique Ingres 222

적석총 54, 64, 67

제사터祭壇 54, 57, 62

제임스 멜라트 James Mellaart 106

조르주 소베 Georges Sauvé 201

조지프 캠벨 Joseph Camphbell 102, 107

주대종소主大從小 238, 240

쥐쯔산 암각화 51, 118, 122, 150, 157~159

지그프리트 기디온 Siegfried Giedion 176

지닐 미술 l'art mobilier 94, 99, 124, 200

ㅊ

차이자핑柴家坪 48, 49, 54

차탈휘위크 Catal Huyuk 46, 47, 106, 187

천단天壇 69

천원지방天圓地方 62

천전리 암각화 168

출행서역도 43

친안다디완秦安大地灣 49

칠포리 암각화 193~195

ㅋ

카렐 압솔론 Karel Absolon 125

카믈라니에 kamlanie 226~228

카포바야 동굴 131, 134, 135

코스텐키 Kostienki 91, 95, 96, 98, 99, 103, 191, 195

콤마르크 동굴 20, 23

콩바렐 동굴 78, 84, 137, 147, 148, 185

쿠르듀크 kurdyuk 17, 18

쿠삭 동굴 177, 181, 185, 220, 221

킬 사이트 kill site 16

ㅌ

타실리나제르 암각화 118

탐갈르이 암각화 145, 165, 240

태양신상 154, 158~160, 240

테페 가우라 Tepe Gawra 106

테프세이 161

투르크족 아사나 씨 시조 신화 217

퉁구스족 136

ㅍ

파시파에와 황소 209

파시파에와 흰소 35, 220, 221, 223, 228

페리고르 문화기 98

페르 농 페르 동굴 78

페슈 메를 동굴 84, 132, 137, 183

풍요의 여신상 46, 48, 72, 236

프랑코 - 칸타브리아 지역 23, 80, 91, 131

파블로 피카소 Pablo Picaso 102

피보나치 수열 28

핀 업 걸 pin up girl 24

ㅎ

하이브리드 형상 132~134, 144, 183

한족漢族 41

한혈마汗血馬 42

허란산 암각화 51, 118, 122, 150, 152, 155, 156

헨리 크리스티 Henry Christy 172

호이트 쳉헤르 Khoit Tsenkher 131

홀레 펠스 Hohle Fels 24, 90, 91

황금분할 28, 29

후르차흐 홀 암각화 162, 164, 169

홍산문화紅山文化 54, 64

장석호(張錫浩)

계명대학교 미술대학(1985) 및 동 대학원(1987)을 졸업하고 몽골과학아카데미 역사연구소에서 바위그림을 연구하였으며 (1993~1994), 러시아 상트페테르부르크 소재 러시아과학아카데미 물질문화사연구소에서 「중동아시아의 바위그림: 문화사적 발전과 해석의 문제」로 박사학위를 받았다(1999). 고구려연구재단 연구위원(2004~2006)을 거쳐 현재 동북아역사재단 연구위원으로 재직 중이다.

저서로 『몽골의 바위그림』(혜안, 1995), 『이미지의 마력』(역사공간, 2017) 등이 있고, 공저로 *The Stone Chronicle of Altai*(러시아과학아카데미 고고학연구소, 2014) 등, 역서로 『선사예술기행』(사계절, 2005) 등이 있으며, 『중앙아시아의 바위그림』(고구려연구재단, 2007) 등 6권의 조사 자료집을 발간하였다. 주요 논문으로 "Rock Art Research in Korea: Daegok-Ri Petroglyphs in Ulsan"(*Rock Art Studies: News of the World V*, Archaeopress Archaeology, 2016), "A Study on the 'Cosmic Animals' in the Ancient Eurasian Petroglyphs"(*Bulletin of IICAS* vol. 27, 2018), "Rock Art in Korea"(*Rock Art in East Asia: A Thematic Study*, ICOMOS, 2019) 등이 있다.

동북아역사재단 교양총서 18

여신과 그 이미지
원형과 변형에 대하여

제1판 1쇄 발행일 2019년 12월 30일

지은이　장석호
발행인　김도형
발행처　동북아역사재단

출판등록　제312-2004-050호(2004년 10월 18일)
주소　　서울시 서대문구 통일로 81, NH농협생명빌딩
전화　　02-2012-6065
팩스　　02-2012-6189
홈페이지　www.nahf.or.kr
제작·인쇄　역사공간
디자인　역사공간

ⓒ 동북아역사재단, 2019

ISBN　　978-89-6187-520-2　　04910
　　　　　978-89-6187-406-9　　(세트)

- 이 책의 출판권 및 저작권은 동북아역사재단이 가지고 있습니다.
  저작권법으로 보호를 받는 저작물이므로 어떤 형태나 어떤 방법으로도 무단전재와 무단복제를 금합니다.
- 이 도서의 국립중앙도서관 출판예정도서목록(CIP)은 서지정보유통지원시스템 홈페이지(http://seoji.nl.go.kr)와
  국가자료종합목록 구축시스템(http://kolis-net.nl.go.kr)에서 이용하실 수 있습니다. (CIP제어번호 : CIP2019053312)
- 책값은 뒤표지에 있습니다. 잘못된 책은 바꾸어 드립니다.